U0931821

靈修著作精選

與上帝同行的生命旅程

簡・約翰遜 著
李小釧 譯

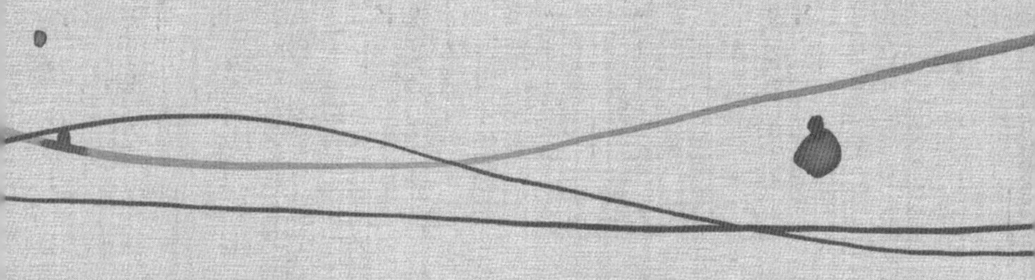

▼

靈修著作精選

與上帝同行的生命旅程

Living in the Companionship of God

作者
簡．約翰遜 Jan Johnson

譯者
李小釧

責任編輯
羅慧琪

裝幀設計
奇文雲海．設計顧問

■

出版 / 發行
基道出版社
香港沙田火炭坳背灣街 26 號富騰工業中心 1011 室
LOGOS PUBLISHERS
Unit 1011, Fo Tan Ind. Centre, 26 Au Pui Wan St., Shatin, Hong Kong
電話：(852) 2687-0331　傳真：(852) 2687-0281
網址：http://www.logos.com.hk

承印
陽光（彩美）印刷公司

●

版權所有．請勿翻印
© 2016 基道文字事工有限公司

3/2016 初版
Cat. No. LP658
ISBN: 978-962-457-517-0
Originally published by NavPress in English as
Living in the Companionship of God,
Copyright © 2009 by Jan Johnson.
Chinese Edition © 2016 by Logos Ministries Limited

ALL RIGHTS RESERVED
Printed in Hong Kong

除特別註明外，經文取自《新標點和合本聖經》，香港聖經公會版權所有，承蒙允許使用。

刷次	10	9	8	7	6	5	4	3	2	1
年份	2025	2024	2023	2022	2021	2020	2019	2018	2017	2016

目錄

若你只有時間做三課默想，你可選擇有星號 * 的那幾課（或你另作選擇）。

前言

為甚麼退修？
為上帝騰出空間

在這個時代，當日常生活，甚至度假、旅行和海上假期的特色，都是那些緊迫的行程之時，一天的退修就是邀請我們休息，滋養心靈。耶穌說：「我就使你們得安息」，而且祂渴望那樣做（參太十一 28）。作為安息日的延伸，退修更新我們；我們在其中經歷獨處，以較緩慢的節奏作息，讓上帝有更多空間與我們互動。

世世代代的基督徒都有退修，一如耶穌也經常退修（參太四 1～11，十四 13、23，十七 1～9，二十六 36～46；可六 31；路五 16，六 12）。現行離家留宿的模式，是由非常忙碌的基督工人（那些勤奮的耶穌會會士）開始的，他們需要停下來，反省他們自己的生命。他們退修，有時是一或兩天；有時則長達三十天或以上。

退修是一種態度，也是一個特定的活動和場合。只要你熟習了，即使在公園裏的一個早上，也可以是退修。你要學習放下怕自己會悶倒或寂寞的擔憂。你讓自己被吸引，因上帝以你意想不到的方式與你有奇妙的互動；你讓自己平靜下來，因你得到長久以來所需要的休息。

退修不是甚麼

退修不是工作。它是個休息和反省的神聖空間。你的目標不是要**讀畢**聖經的段落。反之，透過深深進入只是其中一些經文，你會因著經文怎樣對你的生命說話，與上帝互動。你的目標，不是要回到家裏的時候，覺得自己**完成了**甚麼。這退修不是關乎你能夠**做**甚麼。它關乎平和地與上帝互動，並更多認識上帝真實的本性。你相信上帝單單因你自己本身而愛你嗎？還是你需要**做**些甚麼才能被愛？

這退修的重點，是幫助你與上帝建立關係。一段關係包含恆常、親身的互動，持續的聯繫和共同的生命經歷。你將會更深入（但也平和地）體會到，如保羅很喜歡說的，「在上帝裏」或「在基督裏」的生命是甚麼意思。

退修不是不間斷的查經課。我們用經文作為聯繫上帝的重要接觸點，好在每一課與上帝有真正的交談。這個過程以「靈閱」（*lectio divina*）進行，人們以禱告的心閱讀聖經，這方法沿用了多個世紀。今天人們常常以自我引導的努力，把聖經應用在他們身上，彷彿是要透過他們自己的力量去糾正自己。在這退修裏，我們來到聖言（Word）跟前被「聖靈所指教」（林前二 13），這可能是糾正，也可能不是，但正正是我們需要知道的東西。這樣的對話，對於在基督裏的生命是必須的。

在這些交談中，聖靈會指導你，藉著「問你一些你從沒有想過的問題，挑戰你以一些新角度思考，帶給你非常有用的事物來喚起你的想像，以及讓你先按幾個想法作嘗試，然後才引導你了解手頭上問題的真實本質」。[1] 準備經歷被聖靈牽引，以致你不可以總是「說上帝的説話就停在那裏了，而你開始憑直覺思考」。[2] 偶爾，你會受誘惑開始離開原本的思路，這有時是個好主意，但其他情況下卻打擾你與上帝的交談。如果你是那種常常離開原本思路的人，請忍耐一會，繼續專注你面前的事。看看有甚麼事發生。如果你不會常常離開原本的思路，但現在卻有這種衝動，先處理它吧。

退修時，帶一本記事簿，甚麼類型的都可以——一本線圈筆記本或者任何小本子也可以——假若本書的空白位置不夠你書寫。在這本指引或記事簿上書寫，不是你要做或完成的事情；這是一個方法，讓你以具體的方式與上帝對話。不要**嘗試**寫日誌；只是寫下在你腦海中出現的東西。

不要期望自己回家時會成為不一樣的人。你可能會的，但不是你起初所察覺的那樣。事實上，你可能會在回家後幾天，才察覺到自己內在的改變。但不要刻意尋找。讓上帝向你顯示你所需要知道的。

不要因為退修聽起來似是時興的屬靈事物而去做。退修，只是因為你被牽引而這樣做。留心你裏面有甚麼推動著你。你可能被疲累所牽引。你可能被一個想與上帝同在的渴望所牽引。你可能被一些自己不完全明白的理由所牽引。如果你退修，只是因為有人告訴你，你應該這樣做，那可能會惹起怨恨，干擾你退修的體驗。

一個稱得上成功的退修，在我們「盡量不抱期望，活動也盡量簡單的時候出現。當我們期望我們的〔退修〕高度『屬靈』時，它便會成為一件額外要做的事，使我們持續沉迷於生產力之中，就如在我們文化中常見的那樣」。[3]

時間多長？

如果你想個人退修，但不清楚怎樣做，可以每星期一次，在公園花一個早上開始。習慣這樣做，直至你愛上這樣做，而且渴望更進一步。你可以使用這本指引，每星期做一課。當你準備好要去一次過夜的退修，為此行計劃，寧可太短也不要太長（但至少二十四小時）。要令你在離開時，恨不得留下來的時間可以再長一點。這樣，你便會準備好再去退修。

如果想在一天的退修中用這本指引，你只需要最多三課。從目錄中列出的七課中選取，或許是旁邊記有星號（*）的那幾課。選擇最吸引你的那幾課。

除非你精神大振，預備好開始，否則在時間較長的退修裏，每天只要完成兩至三課。你不會在這些退修課中與上帝好好互動，除非你已經騰出足夠的空間活在其中，且休息充足。所以不要匆忙，但也不要發悶。普遍而言，在早上、下午和晚上與上帝接觸，都是合宜的。不過，如果你覺得疲累，便跳過下午那一課，小睡片刻，或者跳過晚上那一課，只在門廊坐下。

如果你有時間完成全部七課，隨意跳過某幾課，重做讓你從中感受到上帝特別跟你說話的幾課。事實上，「重複」（“repetitions”；即重做一課）是一種常見的退修練習，而第二次做的體驗往往會比第一次更好。

這些退修課不是研習課，而是與上帝交談的時間。任何時候你覺得有需要，可隨意停下來寫東西或者思考。一課的時間，請不要超過九十分鐘。如果你疲累，你可能發現即使短至三十至四十五分鐘，也會令你累透。看看怎樣做才最適合你。

如果你被這書以外的一段經文所吸引，稍停一下，問問自己為甚麼。是否有某些東西令這段經文吸引你，而不是因上帝的指引？（譬如，你要向人講授那段經文，或者要做有關那段經文的習作。）如果你感覺到，這明確是上帝正引導你，以默想的方式讓自己繼續沉浸在經文中。

當你做完一課，可隨意發揮創意，做一些這本指引沒有提出的事情。你會留意到，有時候你會被要求慢慢地閱讀經文。你正在退修，所以你可以慢慢來、慢慢讀。讓文字在你裏面沉澱下來。有時候，你會被要求大聲朗讀經文。讓你的耳朵聽到那些文字，以致你恍如初次聽到一般。這些就是你**所愛的**那位給你的文字。珍惜每一個字。嘗嘗且看看，上帝是美善的。

這本指引中留有空白位置，給你寫下你的答案。這樣編排的一個原因是，若你把東西寫下來，而不只是在腦海裏胡亂地思考，你的思考會更清晰。另一個原因是，你回家一段時間之後，可以再思想你的退修體驗。

課與課之間

緩慢地開始你的一天，然後一整天都緩慢地活動。即使你去遠足或者走路，也慢慢來。緩慢地吃早餐。盡量不要靠時鐘生活。深深地呼吸，感受你身邊的每種顏色、聲音和質感。

做完第一課後，聆聽你裏面有甚麼事情發生。你可能需要：

- 小睡片刻。
- 做一些動態的事，例如散步、遠足、游泳，或者做些令人放鬆的運動。
- 只是坐著和凝視。試試「坐在門廊」，期間不去思考任何特定的事情。如果可以的話，找個地方觀看雀鳥和樹木，也為自己帶點飲料和一本空白的拍紙簿。你不一定要寫任何東西，但如果你想寫，便準備好。或者你可能想泡個按摩浴。

◆ 做一些有創意的事情。你可能想帶些美勞用品（甚或帶一本藝術作品的複製圖冊來看看）、一件樂器、一副望遠鏡來觀鳥，或者你親手做手工（木工、針黹、珠飾）所需的材料。關於這類手工的工作：你千萬不要嘗試完成甚麼作品，而且不要令它成為你心理的負擔（因為你的心靈一定要毫無拘束，才可休息，在你可能從上帝那裏聆聽到的東西之中停留）。你做這活動，是為了快樂。

◆ 閱讀不嚴肅而又助人默想的書籍。你可以帶以往曾幫助你的，你喜愛的一些雜誌文章，或者上帝曾透過它跟你説話的書籍。重讀那些下面劃了線的部分。不要帶偵探小説，或一些會佔用你全副精神的書籍。

◆ 使用敬拜音樂，但緊記要多多享受寧靜。

因為你正讓自己的心靈休息，所以這些課與課之間的時刻，會提供「連線」的空間，從你所缺乏的東西，連繫到你所需要的東西。多個想法會聯合起來，而且你會對你所得著的感到意外。這個休息的時段會為你創造空間，去聆聽上帝。

為你的（這些）日子建立一個規律，其中包括休息、祈禱時段、坐下來凝視的時間、玩樂的時間（散步、遠足、動手做手工、翻看藝術書籍；避免玩電子遊戲）。大量休息。深入地觀看你周圍的一切事物。以同樣方式結束你的一天，例如用某段禱文，或凝望星星。

集體退修

三、四個人或會想一起退修，在同一個地點留宿（有不同房間讓人睡覺和只是待在那裏），每天聚會數次。這做法可以有所變化，幾個人於退修中心，或者是一班男生的釣魚行程。所有人都應該對獨處時間和聚會的時間有所共識。

一起做的退修課，可以包括以下一或兩項：

- 討論獨處時間所發生的事情，他們如何聽見上帝聲音；這可能包括讀出他們在記事簿寫下了的東西。
- 用膳時間。
- 在傍晚聚在一起，但也是安靜的，可能各自閱讀，或做美術勞作，或處理營火。
- 就寢前，一起做晚禱。

參加者應該守護彼此的安靜，盡力不要打擾別人，尊重上帝對我們每個人説話的能力。

預備你的退修

開始收集你需要的東西，特別是遠足裝備，以及讓你發揮創意的東西。為上帝在這次退修可能要怎樣培育你祈禱。請關心你的人在你離開時為你祈禱，特別是如果你常常因憂慮或懊悔而苦惱。依靠上帝的幫助，去放開那些東西。

選擇退修地點

以下是兩個要考慮的重要問題：

- 你想自行安排膳食，獨自進餐（一個僻靜的地方或退修中心的隱居處），抑或你寧願到退修中心，在那裏與其他人一起享用每天三餐？
- 你想參與哪種體能活動（遠足、泡按摩浴、垂釣）？

退修中心比度假消閒中心為佳，因為退修中心主張安靜。它可能會有：

- 一個由修士或修女組成的崇拜羣體，他們邀請你參與一整天裏某些短的日課（聚會）；

- 你可能很享受打理的一個壁爐；
- 若你想就可以彈奏的一架鋼琴；
- 一位屬靈導師（如果有，預先作安排，也讓導師知道你選擇了的題目，以及你想多久約見一次）。

我不可以在家退修嗎？

到外面去能讓你遠離令你分心的事物，給你一種不一樣、更放鬆的心態。如果你絕對不能離開（即使只是花一個早上到公園），移走所有令你分心的東西（關掉電話；不要開電腦或電視；不要應門）。帶齊你所需要的一切東西，走到你屋子或樓房裏一個不會令你想起工作和分心的地方。在那個房間燃點一枝蠟燭，可能幫助你安靜自己和集中思緒。

如果你在家獨處的時間不多，或許會想每星期只做一課。若是如此，嘗試在每個星期的同一天及同樣時間做那課。這樣可以在你的生活中建立一個退修的規律。

再次回家、回到家庭和社羣

在你離開退修的地方之前，稍停一下。為這段充裕的時間，感謝上帝。你快回到家時，開始想像可能在那裏的人，他們需要從你得到甚麼，而你將要做的工作是甚麼。為這些人感謝上帝，求上帝幫助你迎接他們。當你一到達，盡可能保持緩慢地活動。

隨著日子過去，繼續記錄你在退修時吸收到的想法。重讀你的記事簿。

記下對你個人退修起了良好作用的東西（地點、環境、時間），好讓你下次退修時，會更自然地在上帝裏面休息。

交談 1

上帝作我心靈的同伴

約十四 3、18～19、23、16，十七 3、24

上帝最常被忽略的其中一面，就是祂多麼的與人相連（relational）。上帝創造我們，得以**與**我們**同在**（be with us）。在創造這世界以先，上帝已經打算建立一個社羣，作為祂在這地上的「居所」（或者住處）：

- 「我的**居所**必在他們中間；我要作他們的上帝，他們要作我的子民。」（結三十七 27，強調為後加）
- 「你們也靠他同被建造，**成為上帝**藉著聖靈**居住的所在**。」（弗二 22，強調為後加）
- 「求他按著他豐盛的榮耀，藉著他的靈，叫你們心裏的力量剛強起來，使**基督**因你們的信，**住在你們心裏**……」（弗三 16～17，強調為後加）

反過來，上帝也成為我們的居所：「主啊，你世世代代作**我們的居所**」(詩九十 1，強調為後加)。

由於上帝是以與人相連的方式與人類互動，耶穌的邀請也是與人相連的：「到我這裏來」(太十一 28)、「學我的樣式」(太十一 29)、「在我裏面」(約十五 4)。我們這樣做的話，便自然而然地開始遵守耶穌的誡命。

在星期日上教會和在週中上查經班來見上帝，絕不足夠。從別人口中聽**關於**上帝的事也絕不足夠。不過，上教會的人經常說上教會去「被餵養」，或者因為他們沒有「被餵養」而轉教會。耶穌的跟隨者是到上帝那裏被餵養的。他們「在基督裏」(這個短語在聖經出現了大約九十次，包括羅馬書六章 23 節)活出他們的生命。有時候，上帝透過別人教養我們，包括那些在教會裏的人，但教會(或許一篇講道)從來不是用來取代上帝，以及替代與上帝互動的生活的。以下的比擬帶出箇中重點。

你會選擇哪一個？

情境一：投入一段婚姻，在婚姻裏面你和你的配偶彼此互動和享受，你從配偶身上學習，可以找配偶傾談任何事情，做甚麼都在一起。

情境二：加入一個婚姻會，在其中你不是跟你的配偶同住。但你每星期到那裏一次，聽別人説婚姻有多美好，而且有人甚至向你解釋你的配偶有多好。在最幸福的日子，你甚至可能在你的配偶旁邊坐一兩分鐘。但大部分時間，你只是從認識你配偶的其他人口中，聽到關於你配偶的事。回到家裏，你心想，**我真的很慶幸能認識這個人，他與我配偶有一段活潑又密切的關係**。（當然，那人可能也是一直蹣跚而行，但因為你的緣故，他或她掩飾得很好。）

因為你正在退修，所以很明顯情境一較吸引你。你明白，軟弱的人類並不能給你那些只有上帝才能給你的東西。上帝確實時常使用軟弱且掙扎的人向我們説話，或牧養我們，但這些人從來不是要取代我們每天與上帝互動的生活。

向上帝的信息開放

找一個舒適宜人、沒有事物會令你分心的地方，安頓下來。

思想摩西與上帝的交談是那麼珍貴，使得他之後因為面皮發光，要蒙上帕子。但每當他跟上帝説話，就揭去帕子（參出三十四 29～35）。既然這段你單單與上帝同在的時間開始了，從你的日常生活中，你需要揭去甚麼帕子呢？

- 確保每件事都做得正確。
- 確保你看起來很好。
- 覺得你好像要令生活中每件事情都好好運作。
- 確保你身邊每個人都安好。
- 要給別人指引。
- 嘗試開心。
- 嘗試做好。

是甚麼驅使你退修？有甚麼問題，是你渴望離開時能夠得到更好的答案？

沉浸於上帝的信息裏

語境：這課交談的經文來自約翰福音十四至十七章，常被稱為耶穌臨別的講話（或橄欖山的講論〔Oliver discourse〕），因為這段講話之後，就是耶穌於客西馬尼園禱告和被捕。使徒約翰在場，把說話記錄下來。在這個約翰生命裏其中一個最驚恐和富戲劇性的晚上，他記得並記錄這麼長篇的談論，無疑是得力於聖靈的幫助。

背景：耶穌和他的門徒剛剛一起吃過逾越節晚餐，耶穌也在那裏為他們洗腳。他們可能藏在樓房，因為當權者正嘗試捉拿耶穌（參太二十一 46，二十六 4；可十二 12，十四 1；路二十 19；約七 32，十一 57）。他們非常愛戴的老師是個被通緝的人，在二十四小時之內會被折磨，受審以判定祂的生死。那會怎樣影響耶穌對他們說話的方式？

設想這段談論的情景，首先在樓房展開，然後在他們於夜間經過汲淪溪的途上繼續（可能是當他們走過一個葡萄園的時候）。耶穌解釋，自己將會離開他們，但之後會以另一種方式與他們同在。

閱讀聖經經文之前，為了安靜自己，集中思緒，慢慢讀出這段文字：

> 在默想中，我們是根據上帝的應許，讀所選的經文，相信這段經文無論對我們個人今天的生活，還是我們作為信徒整體，都有特別體己的意義。[1]

深呼吸一下。緩慢地大聲朗讀以下經文：

> 我若去為你們預備了地方，就必再來接你們到我那裏去，我在哪裏，叫你們也在那裏⋯⋯我不撇下你們為孤兒，我必到你們這裏

來。還有不多的時候，世人不再看見我，你們卻看見我……人若愛我，就必遵守我的道；我父也必愛他，並且我們要到他那裏去，與他同住……我要求父，父就另外賜給你們一位保惠師，叫他永遠與你們同在……〔然後祈禱〕**認識**你——獨一的真神，並且認識你所差來的耶穌基督，這就是永生……父啊，我在哪裏，願你所賜給我的人也同我在那裏，叫他們看見你所賜給我的榮耀；因為創立世界以前，你已經愛我了。（約十四3、18～19、23、16，十七3、24，強調為後加）

再次閱讀經文之前，細想：

◆「認識」（約十七3，以粗體顯示）一詞，並非指認識**相關**之事，而是指擁有一種「私人交往」的互動關係。它不是指知道事實，甚或理智上接受；相反，它是指「生命完全投入，融合在上帝已顯明的旨意和與耶穌親密的團契之中」。[2]

- 這種與上帝「一起」（with-ness）的意識，有別於**覺得**上帝似乎很貼近，或者理智上相信上帝與你一起，因你知道這是真確的。這種**認識**是更深更廣的，較合適的表達是**意識**到上帝的臨在和為此感恩。注意耶穌一直以來這樣說：
  - ◇「再來接你們到我那裏去，我在哪裏，叫你們也在那裏」；
  - ◇「不撇下你們」；
  - ◇「到你們這裏來」；
  - ◇「你們卻看見我」；
  - ◇「我們要到他那裏去，與他同住」；
  - ◇「一位保惠師 ，叫他永遠與你們同在」；
  - ◇「願你所賜給我的人也同我在那裏」。
- 若你想，想像自己是其中一個聆聽著的門徒：
  - ◇ 當耶穌說這些話，祂的聲線聽起來怎樣？堅定？溫柔？自信？流淚？
  - ◇ 當祂說這些話，你有甚麼感覺？

◇ 記得你(身為門徒)曾經撇下一切與祂在一起。現在，與祂同在就是你的一切了。那對你所聽見的，有甚麼影響呢？

當你再次閱讀那段經文，思考哪個詞語或短語令你產生共鳴，或停留在你心裏，或似乎向你閃耀。留意：

◆ 等待一個詞語引起你的注意，不是件靈異或不可思議的事情。這是一件自然的事情，在你閱讀聖經時，可能已經發生在你身上。你想到：**為甚麼我以前從未見到那個詞語或短語或概念呢**？其實，你以前的確見過，但如今你以一種新的、不一樣的方式看見它。現在它引起你的注意。

◆ 不要感到受壓要編造一些東西出來。如果沒有甚麼引起你的注意，讓自己安靜下來，閱讀那個使人安靜的練習(「在默想中，我們……讀所選的經文……」)，然後再次閱讀經文。

◆ 不要以自我導向的努力，嘗試把經文應用到自己身上。當你嘗試應用經文，便會試著找出你應該做甚麼，來落實你所閱讀的。在這時候，單單讓上帝使你知道你需要知道的事情。讓它出於上帝的工作，而非你自己的。

- 開放自己，讓上帝對你說話。準備經歷意想不到的事。

現在再次緩慢地閱讀這段經文（大聲朗讀或者無聲默讀皆可）。不要自己選擇你注意甚麼東西；當你開放自己，置身在經文裏時，讓它出現。讓上帝對你說話。準備經歷意想不到的事。若你想，在引起你注意的詞語下面劃線。

> 我若去為你們預備了地方，就必再來接你們到我那裏去，我在哪裏，叫你們也在那裏……我不撇下你們為孤兒，我必到你們這裏來。還有不多的時候，世人不再看見我，你們卻看見我……人若愛我，就必遵守我的道；我

父也必愛他，並且我們要到他那裏去，與他同住……我要求父，父就另外賜給你們一位保惠師，叫他永遠與你們同在……〔然後祈禱〕**認識**你——獨一的真神，並且認識你所差來的耶穌基督，這就是永生……父啊，我在哪裏，願你所賜給我的人也同我在那裏，叫他們看見你所賜給我的榮耀；因為創立世界以前，你已經愛我了。（約十四 3、18～19、23、16，十七 3、24，強調為後加）

寫下引起你注意的詞語或短語，或者你身為門徒可能有的感覺。透過進入經文裏面，你想到甚麼？（你可能想在這裏做些筆記。花幾分鐘寫下來。）

你有甚麼想法或印象？你聯想到甚麼？你有甚麼疑問，或可能是不贊同的地方？有甚麼事是你意想不到的？

透過這段經文中引起你注意的地方，上帝可能正跟你說甚麼呢？

回應上帝的信息

在你對面放一張椅子。想像耶穌坐在那張椅子上。現在大聲朗讀這段聖經經文，聽聽耶穌向你說這些字詞。思想它如何帶領你跟上帝對話。.

> 我若去為你們預備了地方，就必再來接你們到我那裏去，我在哪裏，叫你們也在那裏……我不撇下你們為孤兒，我必到你們這裏來。還有不多的時候，世人不再看見我，你們卻看見我……人若愛我，就必遵守我的道；我父也必愛他，並且我們要到他那裏去，與他同住……我要求父，父就另外賜給你們一位保惠師，叫他永遠與你們同在……〔然後祈禱〕**認識你**——獨一的真神，並且認識你所差來的耶穌基督，這就是永生……父啊，我在哪裏，願你所賜給我的人也同我在那裏，叫他們看見你所賜給我的榮耀；因為創立世界以前，你已經愛我了。（約十四 3、18～19、23、16，十七 3、24，強調為後加）

在空白的位置寫下你的禱告回應，或者向耶穌大聲說出來。這樣做會令禱告變得具體和有條理。開放自己，與上帝對話，讓聖靈溫柔地引領你。

如果你要寫禱文，你可能想以「親愛的上帝」或「親愛的耶穌」作開首，然後寫下你需要說的話，回應耶穌在經文裏向你所說的話。如果你不確定要寫甚麼，以下是一些選擇：

- 以「我很高興，因為祢說……」或「我真的需要聽到，祢……」為開始。告訴耶穌你不明白的事。
- 提出疑問。在問題旁畫上星號，因為你可能會在今天或明天之內得到解答。
- 千萬不要感到有壓力要寫很多。一個句子或許真的已經足夠，或者你也可能需要多寫一點。

與上帝安歇在信息中

若你想，對自己再讀一次這段經文。或者單單大聲讀出那些引起你注意的詞語。

我若去為你們預備了地方，就必再來接你們到我那裏去，我在哪裏，叫你們也在那裏……我不撇下你們為孤兒，我必到你們這裏來。還有不多的時候，世人不再看見我，你們卻看見我……人若愛我，就必遵守我的道；我父也必愛他，並且我們要到他那裏去，與他同住……我要求父，父就另外賜給你們一位保惠師，叫他永遠與你們同在……〔然後祈禱〕**認識**你——獨一的真神，並且認識你所差來的耶穌基督，這就是永生……父啊，我在哪裏，願你所賜給我的人也同我在那裏，叫他們看見你所賜給我的榮耀；因為創立世界以前，你已經愛我了。（約十四3、18～19、23、16，十七3、

24，強調為後加）

你已經讀了這段經文好幾次，你如何經歷到上帝？上帝是怎樣的？反思你眼中的上帝是怎樣的。你有沒有一種意識，覺得你只不過在自言自語，抑或覺得上帝臨在？上帝似乎遙遠，抑或體貼？有愛心，抑或不耐煩？嚴苛，抑或熱情？跟上帝談談。

給自己時間，沉浸於你思考所得的東西——關於上帝或你自己的疑問、新概念和解釋。讓這些東西一直沉澱到你真實的生活裏。坐下片刻，細想所知道的事。你可能想：

◆ 坐下來，單單與上帝同「在」。

- 為你跟上帝交談時所發生的事而感謝或讚頌。
- 以某些方式敬拜上帝（甚或跳舞、唱一首喜愛的歌，或者繪畫）。
- 安歇於這個概念裏：你是上帝的住處，而且上帝想在你裏面建立一個家。

以一篇你特別喜歡的禱文，或者下面這篇禱文（節錄自〈聖博德的護胸甲〉〔Breastplate of St. Patrick〕）結束這次交談：

基督與我同在，基督在我裏面，
基督在我背後，基督在我前頭，
基督在我身旁，基督來贏得我，
基督來安慰和復興我。

基督在我下方，基督在我上方，
基督在安靜裏，基督在危險中，
基督在所有愛我的人心裏，

基督在朋友和陌生人的口中。

接下來是享受上帝賜予你生命和氣息的時間。你可能想：

- 小睡片刻。
- 散步、遠足、游泳，或做令人放鬆的運動。
- 試試「坐在門廊」，觀賞鳥類和樹木，或泡按摩浴。
- 做一項創作活動（使用美術材料、做木工、針黹、珠飾），但不用嘗試完成。
- 閱讀不嚴肅而又助人默想的書籍（不是偵探小說，或一些會佔用你全副精神的書籍）。

交談 2

與上帝持續交談的人生

創十七 1～6、16～22

退修幫助你與上帝建立關係。當一些基督徒談及與上帝建立「個人關係」，他們所指的其實是一個「協定」。這協定一般是類似這樣的：**如果我對自己做錯的事情感到不安，並接受某套關於罪和贖罪，以及我需要救主的想法，那麼，上帝會讓我在死去時進入天國以作回報；而為了答謝上帝一方的好意，我會嘗試活得更好，做一個好人。**

那並不是關係；那比較似是某個人可能會與他或她僱主訂下的協議。關係涉及恆常的個人互動、持續聯繫和共同分享生命經歷。[1] 你和上帝都相當了解對方，而且常常結伴同行。

向上帝的信息開放

除非上次那課的環境會令人分心，不然在同一個地方安頓下來。(如果上次那課的內容仍然影響著你，等一等。你想再做那課嗎？若是如此，這就是退修者所謂的「重複」。你可能需要讀得更深入或更廣泛。)

在生命裏的哪個時刻，你最需要與上帝交談？

對於與上帝為友這個概念，你的反應是？

驚怕	興奮	猶豫
渴求	不確定	願意
困惑	需要知道更多	

沉浸於上帝的信息裏

語境：亞伯拉罕與上帝的關係是互動的；他們八次

詳盡的交談都有給記錄下來（雖然可能還有更多）。這些交談涵蓋了這本退修指引裏大部分的交談類型：請求、記念上帝的恩惠和為此讚頌、懇求上帝、與上帝去探險。

閱讀以下有關那八次交談的摘要，讓我們概括知道活出與上帝交談的人生是怎樣的：

1. 上帝向亞伯蘭說話，叫他離開本地和本族，往上帝要指示他的地去。上帝立約：亞伯蘭將會成為大國和得福；亞伯蘭的名將要為大；亞伯蘭的後裔將會得福；地上萬族都要因他得福（參創十二 1～5）。

2. 亞伯蘭到達後，上帝向他顯現，重申賜地給他後裔的應許。亞伯蘭回應耶和華，為祂築了一座壇以記念和讚頌上帝的話。他「求告」耶和華的名。（參創十二 6～8）。

3. 羅得和亞伯蘭離別後，上帝叫亞伯蘭舉目觀看所有將會屬於他後裔的地。或許他們這次交談是邊走邊說的，因為上帝說：「你起來，縱橫走遍這地，因為我必把這地賜給你。」（創十三 17）亞伯蘭對這些會有甚麼想法？

4. 羅得被幾個王擄去後，亞伯蘭結集一隊壯丁，救回羅得。亞伯蘭拒絕保留他奪來的那些財物，因為他已經「向天地的主——至高的上帝耶和華起誓：凡是你〔編按：即王〕的東西，就是一根線、一根鞋帶，我都不拿」（參創十四22～23）。

5. 上帝在異象中向亞伯蘭顯現，叫他不要懼怕，再次向他保證，他會有一個兒子和很多後裔。當亞伯蘭要求更多保證時，上帝精心安排一幕富戲劇性的情節：亞伯蘭築了一座壇，放上祭物，一直看守著它們。上帝告訴亞伯蘭將來要發生在以色列的事。最後，夜幕低垂，「有冒煙的爐並燒著的火把從那些肉塊中經過」（參創十五1～21）。嘗試看一看、聞一聞這個冒煙的爐停留在祭物上面，而燃燒的火停留在爐口上面。

6. 亞伯蘭九十九歲的時候，上帝重申這約，加了一些細節，並把他的名字改為亞伯拉罕。不過，亞伯拉罕以不一樣的方式求上帝做事（參創十七1～27）。我們會詳細看看這段經文。

7. 上主以三個「人」之中的一位的樣式，在亞伯拉罕的帳棚門口出現。亞伯拉罕堅持要照顧這些陌生人，而其中一位預言撒拉將會在一年內生育。他們離開時，交談繼續，亞伯拉罕問及有關從毀滅中拯救所多瑪的事（參創十八 20～33；收錄在〈交談 5〉）。

8. 上帝試驗亞伯拉罕，叫他獻上以撒為祭，之後又跟亞伯拉罕說話，阻止他這樣做。上主的使者再次確認上帝和亞伯拉罕之間的約（參創二十二 1～18）。在這次交談裏，上帝兩度呼叫亞伯拉罕的名字，而亞伯拉罕回答上帝：「我在這裏。」這種模式和亞伯拉罕「我在這裏」的回答，道出了他們友誼的自在和親近。

留意他們交談的過程，上帝怎樣向亞伯拉罕逐步揭示祂的約，而非一次過告訴他一切細節。

閱讀前注意：如果你有一些感覺，例如：**那些都已成過去；那是亞伯拉罕；面對現實，我不是亞伯拉罕**，思想以下想法：

◆ 或許摩西同樣覺得信心不足。上帝說：「我是你父親的上帝，是亞伯拉罕的上帝，以撒的上帝」（出三 6、15、16），來向摩西介紹自己，彷彿是說：「你可以像亞伯拉罕一樣與我相連！」

- 不要把這當作「只是舊約的東西而已」（這貶低的批評，出自那些不了解舊約揭示上帝的重要角色的人），而置之不理。從舊約的這些傳記裏，我們得以瞥見上帝如何與人相連。
- 亞伯拉罕被稱為上帝的朋友（參賽四十一 8；代下二十 7；雅二 23），而耶穌邀請我們跟祂做朋友：「你們若遵行我所吩咐的，就是我的朋友了。以後我不再稱你們為僕人，因僕人不知道主人所做的事。我乃稱你們為朋友；因我從我父所聽見的，已經都告訴你們了。」（約十五 14～15）

尼撒的貴格利（Gregory of Nyssa）曾說，人生其中一個目標就是「為上帝所認識，並且成為祂的朋友……我們視失去上帝的友誼為惟一可怕的事，而視成為上帝的朋友為惟一值得光榮和渴想的事」。[2]

閱讀聖經經文之前，為了安靜自己，集中思緒，慢慢讀出這段文字：

> 在默想中，我們是根據上帝的應許，讀所選的經文，相信這段經文無論對我們個人今天的生活，還是我們作為信徒整體，都有特別體己的意義。[3]

現在緩慢地大聲朗讀以下經文。

> 亞伯蘭年九十九歲的時候，耶和華向他顯現，對他說：「我是全能的上帝，你當在我面前作完全人，我就與你立約，使你的後裔極其繁多。」亞伯蘭俯伏在地；上帝又對他說：「我與你立約：你要作多國的父。從此以後，你的名不再叫亞伯蘭，要叫亞伯拉罕，因為我已立你作多國的父。我必使你的後裔極其繁多，國度從你而立，君王從你而出。」

「我必賜福給她〔撒拉〕，也要使你從她得一個兒子。我要賜福給她，她也要作多國之母；必有百姓的君王從她而出。」亞伯拉罕就俯伏在地喜笑，心裏說：「一百歲的人還能得孩子嗎？撒拉已經九十歲了，還能生養嗎？」亞伯拉罕對上帝說：「**但願**以實瑪利活在你面前。」上帝說：「**不然**，你妻子撒拉要給你生一個兒子，你要給他起名叫以撒。我要與他堅定所立的約，作他後裔永遠的約。至於以實瑪利，我也應允你：我必賜福給他，使他昌盛，極其繁多。他必生十二個族長；我也要使他成為大國。到明年這時節，撒拉必給你生以撒，我要與他堅定所立的約。」〔編按：《聖經新譯本》十七章21節譯作「**但**我的約是要和以撒堅立的。這以撒，就是明年這時候，撒拉要為你生的。」〕上帝和亞伯拉罕說完了話，就離開他上升去了。（創十七1～6、16～22，強調為後加）

再次閱讀經文之前，留意這段與上帝的交談中的發展變化：

- 亞伯拉罕九十九歲，所以他已活在這個約的應許裏二十四年，但還未見到應許實現（故此他嘗試走捷徑，生下以實瑪利）。
- 上帝「顯現」（我們不肯定那確實是甚麼意思）。
- 亞伯拉罕兩次俯伏在地。試試臉朝下俯伏在地，看看有甚麼感覺。你能更好地聆聽嗎？你能更好地說話嗎？試試一邊俯伏在地一邊笑起來，正如他所做的。有甚麼感覺？
- 亞伯拉罕臉朝下俯伏在地，他怎樣可以有**與**上帝**同在**的感覺？那可以加強他與上帝同在的感覺嗎？為何可以，或為何不可？
- 留意亞伯拉罕那一句「但願」，和上帝緊接其後的那一句「不然」（經文最後一段）。在你生命裏，有甚麼時候出現過這種模式：你說了「但願」，而上帝卻似乎說「不然」？

◆ 假如你身處亞伯拉罕的處境，當上帝「離開他上升去了」，你會有甚麼感覺？

當你再大聲朗讀這段經文，思考哪個詞語或短語令你最有共鳴，或哪個時刻特別引起你注意。留意自己有沒有進入經文裏面，代入成為亞伯拉罕或一個旁觀者（或許是撒拉）。現在不要做選擇。單單開放自己，置身在經文裏，讓上帝對你説話。準備經歷意想不到的事。若你想，在適當的時候伏在地上。

> 亞伯蘭年九十九歲的時候，耶和華向他顯現，對他説：「我是全能的上帝，你當在我面前作完全人，我就與你立約，使你的後裔極其繁多。」亞伯蘭俯伏在地；上帝又對他説：「我與你立約：你要作多國的父。從此以後，你的名不再叫亞伯蘭，要叫亞伯拉罕，因為我已立你作多國的父。我必使你的後裔極其繁多，國度從你而立，君王從你而出。」

「我必賜福給她〔撒拉〕，也要使你從她得一個兒子。我要賜福給她，她也要作多國之母；必有百姓的君王從她而出。」亞伯拉罕就俯伏在地喜笑，心裏說：「一百歲的人還能得孩子嗎？撒拉已經九十歲了，還能生養嗎？」亞伯拉罕對上帝說：「**但願**以實瑪利活在你面前。」上帝說：「**不然**，你妻子撒拉要給你生一個兒子，你要給他起名叫以撒。我要與他堅定所立的約，作他後裔永遠的約。至於以實瑪利，我也應允你：我必賜福給他，使他昌盛，極其繁多。他必生十二個族長；我也要使他成為大國。到明年這時節，撒拉必給你生以撒，我要與他堅定所立的約。」〔編按：《聖經新譯本》十七章21節譯作「**但**我的約是要和以撒堅立的。這以撒，就是明年這時候，撒拉要為你生的。」〕上帝和亞伯拉罕說完了話，就離開他上升去了。（創十七1～6、16～22，強調為後加）

記下引起你注意的詞語、短語或時刻，或者你若是亞伯拉罕或一個旁觀者，你會有的感覺。同時，寫下你置身於經文裏面的得著。花幾分鐘這樣做。

你有甚麼想法或印象？你聯想到甚麼？你有甚麼疑問，或可能是不贊同的地方？有甚麼事是你意想不到的？

透過這段經文中引起你注意的地方，上帝可能正跟你說甚麼呢？上帝可能正邀請你成為甚麼或者做甚麼？

不要嘗試應用經文，或者思想你**應該**做甚麼；相反，讓上帝的信息臨到你身上，正如「耶和華的話……臨到」亞伯蘭（創十五 4；《和合本修訂版》）。

回應上帝的信息

再次讀出這段經文，這次是對自己讀。思想它如何帶領你跟上帝對話。

> 亞伯蘭年九十九歲的時候，耶和華向他顯現，對他說：「我是全能的上帝，你當在我面前作完全人，我就與你立約，使你的後裔極其繁多。」亞伯蘭俯伏在地；上帝又對他說：「我與

你立約：你要作多國的父。從此以後，你的名不再叫亞伯蘭，要叫亞伯拉罕，因為我已立你作多國的父。我必使你的後裔極其繁多，國度從你而立，君王從你而出。」

「我必賜福給她〔撒拉〕，也要使你從她得一個兒子。我要賜福給她，她也要作多國之母；必有百姓的君王從她而出。」亞伯拉罕就俯伏在地喜笑，心裏說：「一百歲的人還能得孩子嗎？撒拉已經九十歲了，還能生養嗎？」亞伯拉罕對上帝說：「**但願**以實瑪利活在你面前。」上帝說：「**不然**，你妻子撒拉要給你生一個兒子，你要給他起名叫以撒。我要與他堅定所立的約，作他後裔永遠的約。至於以實瑪利，我也應允你：我必賜福給他，使他昌盛，極其繁多。他必生十二個族長；我也要使他成為大國。到明年這時節，撒拉必給你生以撒，我要與他堅定所立的約。」〔編按：《聖經新譯本》十七章21節譯作「**但**我的約是要和以撒堅立的。這以撒，就

是明年這時候，撒拉要為你生的。」〕上帝和亞伯拉罕說完了話，就離開他上升去了。(創十七1～6、16～22，強調為後加)

在空白的位置寫下你的禱告回應，或者向耶穌大聲說出來。這樣做會令禱告變得具體和有條理。開放自己，與上帝對話，讓聖靈溫柔地引領你。你可能想以「親愛的上帝」作開首，然後說出你需要說的話，回應上帝在經文裏向你所說的話。你可能想用以下這些短語為開始：

◆「**與**祢**同在**是……」

◆「我想……」

◆「信靠祢似乎……」

與上帝安歇在信息中

若你想，對自己再次讀出這段經文。

你已經讀了這段經文好幾次，你如何經歷到上帝？上帝是怎樣的？反思你眼中的上帝是怎樣的。上帝似乎遙遠，抑或體貼？有愛心，抑或不耐煩？嚴苛，抑或熱情？跟上帝談談。

給自己時間，沉浸於你思考所得的東西——關於上帝或你自己的疑問、新概念和解釋。坐下片刻，以你覺得合適的方式，好好享受你在經文裏所看見或聽到的：

- 合上眼睛，沉浸在其中。
- 躺在地上，與上帝安歇。

- 想像你就在生命中最需要與上帝交談的時刻，同時有那份在上帝跟前臉朝下俯伏於地的開放和軟弱。
- 安歇於這個概念裏：你是上帝的住處，而且上帝想住在你裏面的家。

以這篇禱文（節錄自〈聖博德的護胸甲〉）結束這次交談：

基督與我同在，基督在我裏面，
基督在我背後，基督在我前頭，
基督在我身旁，基督來贏得我，
基督來安慰和復興我。

基督在我下方，基督在我上方，
基督在安靜裏，基督在危險中，
基督在所有愛我的人心裏，
基督在朋友和陌生人的口中。

接下來是享受上帝賜予你生命和氣息的時間。你可能想：

- 小睡片刻。
- 散步、遠足、游泳，或做令人放鬆的運動。
- 試試「坐在門廊」，觀賞鳥類和樹木，或泡按摩浴。
- 做一項創作活動（使用美術材料、做木工、針黹、珠飾），但不用嘗試完成。
- 閱讀不嚴肅而又助人默想的書籍（不是偵探小說，或一些會佔用你全副精神的書籍）。

交談 3

信心的對話

詩九十一 1～6、9～12、14～16

向上帝的信息開放

除非上次的環境會令人分心，不然在同一個地方安頓下來。（如果上次那課的內容仍然影響著你，等一等。你想再做那課嗎？若是如此，這就是退修者所謂的「重複」。你可能需要讀得更深入或更廣泛。）

在你的生命裏，哪裏是需要上帝為你消除疑慮的？

- 你正踏上（職業上、財政上、情感上、理智上）的旅程。
- 一個具威脅的情況。
- 一段似乎未知，甚或恐怖的關係。
- 覺得上帝待你不好，可能是忘記你。

今天你需要從上帝得到甚麼？

沉浸於上帝的信息裏

閱讀聖經經文之前，為了安靜自己，集中思緒，慢慢讀出這段文字：

> 在默想中，我們是根據上帝的應許，讀所選的經文，相信這段經文無論對我們個人今天的生活，還是我們作為信徒整體，都有特別體己的意義。[1]

大聲朗讀這段經文：

住在至高者隱密處的，
必住在全能者的蔭下。
我要論到耶和華說：
他是我的避難所，是我的山寨，

是我的上帝，是我所倚靠的。
他必救你脫離捕鳥人的網羅
和毒害的瘟疫。
他必用自己的翎毛遮蔽你；
你要投靠在他的翅膀底下；
他的誠實是大小的盾牌。
你必不怕黑夜的驚駭，
或是白日飛的箭，
也不怕黑夜行的瘟疫，
或是午間滅人的毒病。

耶和華是我的避難所；
你已將至高者當你的居所，
禍患必不臨到你，
災害也不挨近你的帳棚。

因他要為你吩咐他的使者，
在你行的一切道路上保護你。

他們要用手托著你，
免得你的腳碰在石頭上。

上帝說：因為他專心愛我，我就要搭救他；
因為他知道我的名，我要把他安置在高處。
他若求告我，我就應允他；
他在急難中，我要與他同在；
我要搭救他，使他尊貴。
我要使他足享長壽，
將我的救恩顯明給他。
（詩九十一 1～6、9～12、14～16）

再次閱讀經文之前，思考以下事情。

背景：詩篇九十一篇是其中一篇信心詩篇，而信心詩篇是眾多詩篇中最教人銘記於心和珍而重之的。在這些詩篇裏，詩人接受上帝對人類所說的真理，又把這些真理作為事實的陳述，向上帝道出。它們投射出基督跟隨者對上帝的完美信心。

作為信心詩篇，詩篇九十一篇說得很理想，理想得可能會令人反感，彷彿與上帝同在的生命是滿佈奇妙星塵，壞事絕不會發生（例如 11 至 12 節，使者會時刻保護我們免於跌倒嗎？）。不過，一般信心詩篇，尤其這一篇，都沒有承諾生命無風無浪。詩篇九十一篇將詩篇二十三篇 4 節「我雖然行過死蔭的幽谷，也不怕遭害」裏的真理，扼要地闡述出來。為甚麼？不是因為上帝把我們從幽谷中拉出來，而是因為當我們行過那幽谷時，上帝與我們同在。與上帝同在的生命沒有消除危險或痛苦。然而，我們被拒絕和失望的時候，上帝與我們一起經過；祂保護人的杖和引導人的竿，指引我們的路。在困難中，我們有一位智慧的同行者，因為上帝無時無刻都在我們旁邊。留意詩篇九十一篇 5 至 6 節：飛箭、流行的瘟疫、災害（編按：參《和合本修訂版》）帶來毀滅，但這些事情不會擊倒我們，因為上帝與我們一起。上主仍是我們的居所。我們仍住在全能者的蔭下（參 1 節）。

當我們心中充滿恐懼、疑惑、不安和不配的感覺，說出或用這詩篇祈禱，不一定是不誠實。我們當作是自己真心所想一般道出上帝的真理，正是「嘗試體驗一下」（或者「穿上」，參西三 10、14）有信心的感覺。我們說出我們希望自己在任何時候都相信的事情，我們嘗試令這些真理成為打從我們心底而出的。換句話說，「戲演久了就會成真」。只要我們明白，我們正嘗試體驗這些概念和感受，這樣做能讓我們慢慢有這些感受。

詞語的意思：**捕鳥人**又可翻譯為**獵人**，一般是指某個嘗試纏住或者設陷阱捉你的人（參 3 節）；**翎毛**即翅膀，是強而有力的，是你會想藏身其後的那種翅膀，而不是會傷害你的那種（參 4 節）；「大小盾牌」中的**小盾**（buckler），是指盾牌或一些圍著自己作為保護的東西（參 4 節）。

場景：詩人彷彿踏上一個險峻的旅程，危機四伏：疾病、飛箭、黑夜的驚駭、會令人絆倒的崎嶇小徑，以及要應付兇惡的動物。然而，上帝令攻擊者筋疲力盡，威脅得以消除；上帝提供安全護航（就如祂用白天的雲柱和夜間的火柱，引領以色列民前往應許之地那樣）。

語調：這段經文結合了親密性和超越性。例如，上帝是**我的**避難所、**我的**山寨、**我的**上帝，但同樣是那「至高者」和「全能者」(參 1～2 節)。

聲音：這篇詩篇由教導忽然轉到個人見證。詩人表達信心的詩句(參 1～13 節)之後，是上帝出乎意料的說話(參 14～16 節)。這彷彿是上帝插話或回應詩人。詩篇裏上帝直接說話的地方很少，而這裏就是其中一處。上帝的說話充滿承諾：「我要/我就……」(六次)。「最後的話不是**由**我們說，而是**對**我們說的，這是信心之根據。」[2]

現在再次緩慢和大聲地讀出經文。留意有哪些詞語、短語或圖畫引起你注意。不要自己**選擇**，讓它向你呈現。讓上帝對你說話。準備經歷意想不到的事。在引起你注意的詞語或意象下面劃線。

住在至高者隱密處的，
必住在全能者的蔭下。
我要論到耶和華說：
他是我的避難所，是我的山寨，

是我的上帝，是我所倚靠的。
他必救你脫離捕鳥人的網羅
和毒害的瘟疫。
他必用自己的翎毛遮蔽你；
你要投靠在他的翅膀底下；
他的誠實是大小的盾牌。
你必不怕黑夜的驚駭，
或是白日飛的箭，
也不怕黑夜行的瘟疫，
或是午間滅人的毒病。

耶和華是我的避難所；
你已將至高者當你的居所，
禍患必不臨到你，
災害也不挨近你的帳棚。

因他要為你吩咐他的使者，
在你行的一切道路上保護你。

他們要用手托著你，
免得你的腳碰在石頭上。

上帝說：因為他專心愛我，我就要搭救他；
因為他知道我的名，我要把他安置在高處。
他若求告我，我就應允他；
他在急難中，我要與他同在；
我要搭救他，使他尊貴。
我要使他足享長壽，
將我的救恩顯明給他。
（詩九十一 1～6、9～12、14～16）

現在停一停，合上眼睛。記下最引起你注意的詞語或短語。有哪個短語是你從中看到自己的？（你可能想在這裏做些筆記。花幾分鐘寫下來。）

這些經文給你甚麼感覺？

你有甚麼想法或印象？你聯想到甚麼？你有甚麼疑問，或可能是不贊同的地方？有甚麼事是你意想不到的？

透過這段經文中引起你注意的地方，上帝可能正跟你說甚麼呢？

回應上帝的信息

對自己再次讀出這段經文。思想它如何帶領你跟上帝對話。

住在至高者隱密處的，
必住在全能者的蔭下。
我要論到耶和華說：
他是我的避難所，是我的山寨，
是我的上帝，是我所倚靠的。
他必救你脫離捕鳥人的網羅
和毒害的瘟疫。
他必用自己的翎毛遮蔽你；
你要投靠在他的翅膀底下；
他的誠實是大小的盾牌。
你必不怕黑夜的驚駭，
或是白日飛的箭，
也不怕黑夜行的瘟疫，

或是午間滅人的毒病。

耶和華是我的避難所；
你已將至高者當你的居所，
禍患必不臨到你，
災害也不挨近你的帳棚。

因他要為你吩咐他的使者，
在你行的一切道路上保護你。
他們要用手托著你，
免得你的腳碰在石頭上。

上帝說：因為他專心愛我，我就要搭救他；
因為他知道我的名，我要把他安置在高處。
他若求告我，我就應允他；
他在急難中，我要與他同在；
我要搭救他，使他尊貴。
我要使他足享長壽，

將我的救恩顯明給他。

（詩九十一 1～6、9～12、14～16）

因應你在經文裏所經歷到的，寫下或大聲說出你想和上帝說的話。（這些方法會幫助你梳理思路，具體地回應上帝。千萬不要感到有壓力要寫或說很多。一個句子或許已經足夠，或者你也可能需要多寫一點。）開放自己，與上帝對話，讓聖靈溫柔地引領你。

你可能想以「親愛的上帝」或「親愛的耶穌」作開首，然後說出你需要說的話，回應上帝在經文裏向你所說的話。如果你不確定要寫甚麼，以下是一些選擇：

- 「祢真的……」
- 「但……又如何？」在這裏提出疑問，然後看看你在退修期間想到甚麼。
- 「我很高興，因為祢說……」或「我真的需要聽到，祢……」

與上帝安歇在信息中

懷著十足信心，最後一次朗讀這段經文。大聲喊出或者低聲讀出均可，但要語帶堅定。也許你想站著讀完整段經文，或者只在讀到上帝的說話時站起來（參14～16節）。嘗試體驗。找出你想強調的詞語，也可在那些詞語下面劃線。

住在至高者隱密處的，
必住在全能者的蔭下。
我要論到耶和華說：
他是我的避難所，是我的山寨，
是我的上帝，是我所倚靠的。
他必救你脫離捕鳥人的網羅
和毒害的瘟疫。
他必用自己的翎毛遮蔽你；
你要投靠在他的翅膀底下；
他的誠實是大小的盾牌。

你必不怕黑夜的驚駭，
或是白日飛的箭，
也不怕黑夜行的瘟疫，
或是午間滅人的毒病。

耶和華是我的避難所；
你已將至高者當你的居所，
禍患必不臨到你，
災害也不挨近你的帳棚。

因他要為你吩咐他的使者，
在你行的一切道路上保護你。
他們要用手托著你，
免得你的腳碰在石頭上。

上帝說：因為他專心愛我，我就要搭救他；
因為他知道我的名，我要把他安置在高處。
他若求告我，我就應允他；

他在急難中，我要與他同在；

我要搭救他，使他尊貴。

我要使他足享長壽，

將我的救恩顯明給他。

（詩九十一 1～6、9～12、14～16）

現在合上眼睛，讓說話裏的真理沉澱到你心深處。沉浸於任何令你印象特別深刻的意象裏。

你已經讀了這段經文好幾次，你如何經歷到上帝？上帝是怎樣的，尤其在這幾節上帝的說話中（參 14～16 節）？你如何回應上帝在這幾節所說的話？上帝似乎溫柔地說話，還是信心十足地說話？跟上帝談談。

如果你從經文裏所得的，對應你一開始時關心的處境或關係，設想你自己找到在當中邁步向前所需的信心。

以這篇禱文（節錄自〈聖博德的護胸甲〉）結束這次交談：

基督與我同在，基督在我裏面，
基督在我背後，基督在我前頭，
基督在我身旁，基督來贏得我，
基督來安慰和復興我。

基督在我下方，基督在我上方，
基督在安靜裏，基督在危險中，
基督在所有愛我的人心裏，
基督在朋友和陌生人的口中。

若你想，今天晚上天黑之時，帶這本指引和一支電筒到戶外，向上帝説出這篇詩篇。儘管你要避免被別人聽到而低聲地說，享受這個時刻，以上帝而樂。

接下來是享受上帝賜予你生命和氣息的時間。你可能想：

- 小睡片刻。
- 散步、遠足、游泳，或做令人放鬆的運動。
- 試試「坐在門廊」，觀賞鳥類和樹木，或泡按摩浴。
- 做一項創作活動（使用美術材料、做木工、針黹、珠飾），但不用嘗試完成。
- 閱讀不嚴肅而又助人默想的書籍（不是偵探小說，或一些會佔用你全副精神的書籍）。

交談 4

感謝上帝，與上帝同慶

詩一三六 1～9、12～16、25～26

向上帝的信息開放

除非上次的環境會令人分心，不然在同一個地方安頓下來。（如果上次那課的內容仍然影響著你，等一等。你想再做那課嗎？你可能需要讀得更深入或更廣泛。）

在舊約裏，那些與上帝同行的人會為上帝和上帝在他們生命裏所做的事，築起作紀念的東西。例如，當雅各從以掃那裏慌忙逃走時，他用作為枕頭的石頭立紀念碑，紀念上帝的保證（參創二十八 18，三十一 45；《現代中文譯本修訂版》，下稱《現修》）。之後，上帝在那裏再次向他顯現，雅各就建立（也許是重新建立）一個紀念碑（參創三十五 14；《現修》）。當歸回的以色列民過約旦河時，「約書亞另把十二塊石頭立在約旦河中，在抬約櫃的祭司腳站立的地方；直到今日，那石頭還在那裏」(書四9)。

首先，思想兩三件曾經給你極大幫助，而你為此感恩的特別事情、物件，或者人物亦可。

我們玩個遊戲。想像為上述其中一件/個(或以上)，獻紀念碑給上帝。理想中，你可能會豎立甚麼？如果你不想把它畫出來，在空白的位置描述它就可以了。你可以選擇一個簡單的形象(例如張開的雙手)，或聖經裏的形象(例如你藏身在上帝的翅膀底下；參詩九十一4)，又或是文學裏的形象(《苦海孤雛》〔*Oliver Twist*〕中的奧利佛心滿意足的樣子——他之前盛麥片粥的碗子空空如也，現在滿瀉了，他一臉喜悅)。記得考慮：

- 質感／建造材料
- 顏色
- 高度
- 寬度
- 有沒有題字

在這裏繪畫或描寫你的意象。

沉浸於上帝的信息裏

場景：詩篇裏大多數作品都用於聖殿崇拜中。當中很多詩篇都在公共禮儀或列隊中被使用。其中一篇，詩篇一百三十六篇，被編寫成一首啟應詩歌（就像你小時候在營會裏可能唱過的那種）。每節的前半部分可能是由利未人唱出，而後半部（副歌）則由會眾唱出。

以詩篇作為交談：在很多隱世的基督教羣體中，弟兄（修士）或姊妹每個月都唱頌整卷詩篇。這樣重複令詩篇成為他們思想生活的言語、他們禱告的言語，以及他們與上帝平日交談所用的言語的一部分。

閱讀前注意：你將會讀副歌十六次，這樣做可以是歡樂或者痛苦的事。現代西方人通常覺得任何重重複複的東西都是單調乏味的，但希伯來詩詞中卻經常使用重複來強調重要的概念。想一想，重複可以是甜蜜而非沉悶的，每一次都可以帶你進到更寬廣和更深入的境界。在這篇詩篇裏，密集重複的副歌與現實生活相似——在現實生活中，朋友之間互相表示欣賞，或夫妻之間互相說「我愛你」。這些都不是單調乏味的，反而是歡欣，甚至喜慶的。嘗試細味這詩篇裏的每一個字，讓你對副歌的理解每次都更深入。

閱讀聖經經文之前，為了安靜自己，集中思緒，慢慢讀出這段文字：

在默想中，我們是根據上帝的應許，讀所選的經文，相信這段經文無論對我們個人今天的生活，還是我們作為信徒整體，都有特別體己的意義。[1]

對自己默讀這段經文。

上帝是誰，上帝是怎樣的

你們要稱謝耶和華，因他本為善；
他的慈愛永遠長存。
你們要稱謝萬神之神，
因他的慈愛永遠長存。
你們要稱謝萬主之主，
因他的慈愛永遠長存。

創造

稱謝那獨行大奇事的，
因他的慈愛永遠長存。

稱謝那用智慧造天的，

因他的慈愛永遠長存。

稱謝那鋪地在水以上的，

因他的慈愛永遠長存。

稱謝那造成大光的，

因他的慈愛永遠長存。

他造日頭管白晝，

因他的慈愛永遠長存。

他造月亮星宿管黑夜，

因他的慈愛永遠長存。

上帝過去怎樣拯救我

他施展大能的手和伸出來的膀臂，

因他的慈愛永遠長存。

稱謝那分裂紅海的，

因他的慈愛永遠長存。

他領以色列從其中經過，

因他的慈愛永遠長存；

卻把法老和他的軍兵推翻在紅海裏，

因他的慈愛永遠長存。

稱謝那引導自己的民行走曠野的，

因他的慈愛永遠長存。

一直祝福

他賜糧食給凡有血氣的，

因他的慈愛永遠長存。

你們要稱謝天上的上帝，

因他的慈愛永遠長存。

（詩一三六 1～9、12～16、25～26；編按：標題按原書英文直譯）

再次閱讀經文之前，思想：

詞語的意思：副歌那句短語「因他的慈愛永遠長存」中的**慈愛**（“love”，《新國際譯本》〔NIV〕）或**堅固的愛**（“steadfast love”，《新修訂標準譯本》〔NRSV〕；參《呂振中譯本》〔下稱《呂》〕），本是希伯來文裏的 *hesed*

（或作 *chesedh*）。這個詞語的意思十分豐富，豐富得有一本書是談論這個詞的。沒有一個英文詞語能夠把它準確地翻譯出來。扼要來説，*hesed* 的意思包括仁愛、慈愛、堅定的忠心、信實和真理。上帝滿有 *hesed*，這在多篇經文裏被形容為是遍地滿了、何等的大、從亙古到永遠、奇妙的、飽得、永遠長存、拯救人和吸引人的（參詩三十三 5，一〇三 11、17，十七 7，九十 14，一三六 1，八十五 7；耶三十一 3）。當大聲唸這個字時，*hesed* 中的 h 音恰好是個喉音。它不是一種感性的愛，而是那種最豐富又最強烈、堅定又永不離棄的愛。嘗試大聲唸 *hesed* 這個字幾次，思考它的種種意思。

背景：現代讀者或會對「〔上帝〕卻把法老和他的軍兵推翻在紅海裏」這短語感到不安。這怎麼會是愛？先回想一下，法老曾經以殺嬰對付以色列民，並且下令所有埃及人如此行。這是國家許可的男嬰大屠殺。他繼續證明，他會不惜一切壓制以色列民，而以色列民需要從他的暴政中給釋放出來。上帝的 *hesed* 釋放了他們。

上帝在釋放以色列民時，如何展示出對法老的愛？容讓他繼續活在這世上作出這般恐怖的事，對法老來說並不是一件美好和有愛心的事。他沒有自救，倒是敗壞到更邪惡的地步。我們嘗試信靠上帝的 *hesed*，信靠上帝的美好終會成就在法老和他的跟隨者身上。要投入這短語，思想你曾經為一些可怕的事情終止而感恩的時候。

大聲朗讀經文：考慮以戲劇形式朗讀這段經文。以戲劇形式朗讀不是說做便做到的，而是需要準備（通常都挺有樂趣的）。以下是一些關於如何朗讀的提議：

- 改寫副歌「因他的慈愛永遠長存」。若你想，可借用下列這些版本或替代的字句：
  - ◇「因為祂的慈愛永存不息」（“His love never quits”，《信息本聖經》〔MSG〕；參《當代聖經》）；
  - ◇「他的慈愛永遠長存」（“His lovingkindness endureth for ever”，《美國標準譯本》〔ASV〕；參《現修》）；

◇ 「因為他的仁慈永遠常存。」(“His mercy endureth forever”,《英王詹姆斯譯本》〔KJV〕;參《思高聖經》);

◇ 「他信實的慈愛永遠長存」(“His faithful love endures forever”,《新當代譯本》〔NLT〕;參《新普及譯本》);

◇ 「因為他堅固的愛永遠長存」(“His steadfast love endures forever”,《新修訂標準譯本》〔NRSV〕;參《呂》);

◇ 「祂的愛是永恆的」(“His love is eternal”,《好消息英文譯本》〔GNT〕;編按:按英文直譯);

◇ 以「繼續」、「持續」或「永不止住」取代「永遠長存」;

◇ 以「永不止息的愛」或「堅定的愛」代替「慈愛」。

◆ 若你想,加上專屬你自己的一個詩句:

◇ 第一部分:關於**上帝是誰和上帝是怎樣的**,而特別吸引你的事情;

◇ 第二部分:關於上帝的**創造**,而特別吸引你的事情；

◇ 第三部分：關於**上帝過去怎樣拯救你**，而特別吸引你的事情；

◇ 第四部分：關於上帝怎樣一直祝福你的事情。

◆ 設計一下你怎樣能夠以喜慶，甚至戲劇的方式，大聲朗讀這段經文。以下是一些建議：

◇ 輕聲讀出每節的後半部；

◇ 一開始輕聲，之後漸漸大聲；

◇ 每讀到「**你們要稱謝**」（四次）便跳一個小舞步（如高舉雙手？）；

◇ 在要強調的詞語下面劃線（例如**大奇事**、**大能的手和伸出來的膀臂**）。

◆ 若你怕給別人聽到，去一個遠離人羣的地方，或者開收音機，以掩蓋別人會聽到的聲音。

現在以喜慶、歡欣的方式再大聲讀這段經文，完全進入經文的節奏和概念中。

你們要稱謝耶和華，因他本為善；

他的慈愛永遠長存。

你們要稱謝萬神之神，

因他的慈愛永遠長存。

你們要稱謝萬主之主，

因他的慈愛永遠長存。

稱謝那獨行大奇事的，

因他的慈愛永遠長存。

稱謝那用智慧造天的，

因他的慈愛永遠長存。

稱謝那鋪地在水以上的，

因他的慈愛永遠長存。

稱謝那造成大光的，

因他的慈愛永遠長存。

他造日頭管白晝，

因他的慈愛永遠長存。

他造月亮星宿管黑夜，

因他的慈愛永遠長存。

他施展大能的手和伸出來的膀臂，

因他的慈愛永遠長存。

稱謝那分裂紅海的，

因他的慈愛永遠長存。

他領以色列從其中經過，

因他的慈愛永遠長存；

卻把法老和他的軍兵推翻在紅海裏，

因他的慈愛永遠長存。

稱謝那引導自己的民行走曠野的，

因他的慈愛永遠長存。

他賜糧食給凡有血氣的，

因他的慈愛永遠長存。

你們要稱謝天上的上帝，

因他的慈愛永遠長存。

（詩一三六 1～9、12～16、25～26）

若你想，再大聲朗讀一次（因為現在你知道怎樣投入其中）。

寫下引起你注意的詞語或短語。透過投入經文之中，你有甚麼得著？（你可能想在這裏做些筆記。花幾分鐘寫下來。）

這些經文給你甚麼感覺？

你有甚麼想法或印象？你聯想到甚麼？你有甚麼疑問，或可能是不贊同的地方？有甚麼事是你意想不到的？

透過這段經文中引起你注意的地方，上帝可能正跟你説甚麼呢？

回應上帝的信息

當你讀過這段經文，你就是以感謝和讚美講述**關於**上帝的事。現在**跟**上帝談談。留意當中字眼的改變，由「因**他的**慈愛永遠長存」成為「因**祢的**慈愛永遠長存」。當你讀到副歌，合上眼睛，向上帝直接説話。

要稱謝祢，耶和華，因祢本為善；
祢的慈愛永遠長存。
要稱謝祢，萬神之神，
因祢的慈愛永遠長存。
要稱謝祢，萬主之主，
因祢的慈愛永遠長存。
稱謝獨行大奇事的祢，
因祢的慈愛永遠長存。
稱謝用智慧造天的祢，
因祢的慈愛永遠長存。
稱謝鋪地在水以上的祢，
因祢的慈愛永遠長存。
稱謝造成大光的祢，
因祢的慈愛永遠長存。

祢造日頭管白晝，

因祢的慈愛永遠長存。

祢造月亮星宿管黑夜，

因祢的慈愛永遠長存。

祢施展大能的手和伸出來的膀臂，

因祢的慈愛永遠長存。

稱謝分裂紅海的祢，

因祢的慈愛永遠長存。

祢領以色列從其中經過，

因祢的慈愛永遠長存；

卻把法老和他的軍兵推翻在紅海裏，

因祢的慈愛永遠長存。

稱謝引導祢的民行走曠野的祢，

因祢的慈愛永遠長存。

祢賜糧食給凡有血氣的，

因祢的慈愛永遠長存。

要稱謝祢，天上的上帝，

因祢的慈愛永遠長存。

在空白的位置寫下你的禱告回應，或者向上帝大聲說出來。開放自己，與上帝對話，讓聖靈溫柔地引領你。告訴上帝你剛才閱讀經文時所經歷到的。談談當中的內容，或者你得到的新體會。你可能想以「親愛的上帝」、「親愛的創造主」、「我堅定的心靈摯愛」或者其他稱呼作開首。

在信息中與上帝同慶

你讀過這段經文好幾次了，你如何經歷到上帝？上帝是怎樣的？反思你眼中的上帝是怎樣的。跟上帝談談。

給自己時間，沉浸於你思考所得的東西——關於上帝或你自己的疑問、新概念和解釋。你可能有感動，想要用肢體動作、歌唱或繪畫來敬拜上帝。給自己時間，沉浸於你所看到的東西，讓這些東西一直沉澱到你真實的生活裏。

你在退修場所裏，想一個你可以去的地方（行山徑、噴泉、站在小溪中），把詩篇一百三十六篇其中幾句的字詞和力量獻給上帝。

若你想，以這篇禱文（節錄自〈聖博德的護胸甲〉）結束這次交談：

基督與我同在，基督在我裏面，
基督在我背後，基督在我前頭，
基督在我身旁，基督來贏得我，
基督來安慰和復興我。

基督在我下方，基督在我上方，
基督在安靜裏，基督在危險中，

基督在所有愛我的人心裏，

基督在朋友和陌生人的口中。

接下來是享受上帝賜予你生命和氣息的時間。你可能想：

- 小睡片刻。
- 散步、遠足、游泳，或做令人放鬆的運動。
- 試試「坐在門廊」，觀賞鳥類和樹木，或泡按摩浴。
- 做一項創作活動（使用美術材料、做木工、針黹、珠飾），但不用嘗試完成。
- 閱讀不嚴肅而又助人默想的書籍（不是偵探小說，或一些會佔用你全副精神的書籍）。

交談 5

懇求上帝

創十八 20～33

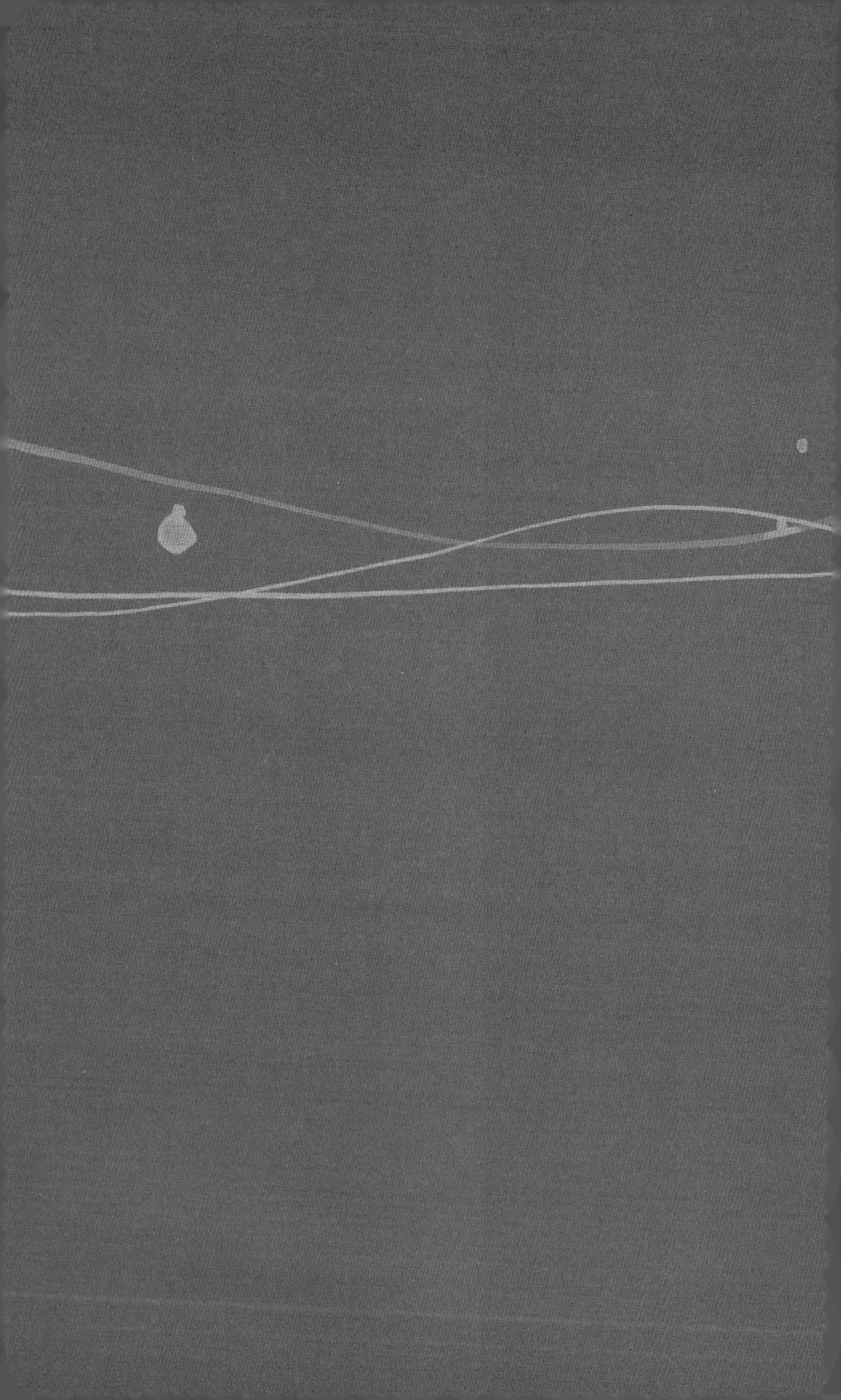

向上帝的信息開放

除非上次的環境會令人分心，不然在同一個地方安頓下來。

你曾經為一些甚麼事懇求？想想其中幾項。

你可能曾為認識你又愛你的人懇求。為不認識你又對你的處境沒興趣的人懇求，感覺又會如何？（可能是我們交戰國的人民，或者與你的信念相反的一羣人。）

甚麼想法和感受會引導你為這樣的一羣人懇求？

沉浸於上帝的信息裏

設定：上主以三個「人」的樣式在亞伯拉罕的帳棚門口出現。（設想有一個巨大的帳棚。亞伯拉罕雖然是個遊牧人，但很富有，擁有巨大堅固的帳棚作為他的住所。）亞伯拉罕堅持要為這些神祕的陌生人提供食物和舒適的環境，但結果他們並非凡人。其中一位預言撒拉將會在一年內生育（這令她笑起來）。他們離開時，亞伯拉罕與他們同行一小段路。其中一位（上主）跟亞伯拉罕有一段交談，是關於所多瑪和蛾摩拉即將面臨毀滅的。

留意，亞伯拉罕作為上帝所揀選的一位，沒有單單安逸於自己被揀選的特權中，反而投身於他置身其中的世界，希望在上帝救贖全人類的旨意中被上帝使用，不管那些人如何互不相同或者如何敗壞。

閱讀聖經經文之前，為了安靜自己，集中思緒，慢慢讀出這段文字：

在默想中，我們是根據上帝的應許，讀所選的經文，相信這段經文無論對我們個人今天的生活，還是我們作為信徒整體，都有特別體己的意義。[1]

對自己讀出這段聖經經文。

耶和華說：「所多瑪和蛾摩拉的罪惡甚重，聲聞於我。我現在要下去，察看他們所行的，果然盡像那達到我耳中的聲音一樣嗎？若是不然，我也必知道。」

二人轉身離開那裏，向所多瑪去；但亞伯拉罕仍舊站在耶和華面前。亞伯拉罕近前來，說：「無論善惡，你都要剿滅嗎？假若那城裏有五十個義人，你還剿滅那地方嗎？不為城裏這五十個義人饒恕其中的人嗎？將義人與惡人同殺，將義人與惡人一樣看待，這斷不是你所行的。審判全地的主豈不行公義嗎？」耶和華說：

「我若在所多瑪城裏見有五十個義人，我就為他們的緣故饒恕那地方的眾人。」亞伯拉罕說：「我雖然是灰塵，還敢對主說話。假若這五十個義人短了五個，你就因為短了五個毀滅全城嗎？」他說：「我在那裏若見有四十五個，也不毀滅那城。」亞伯拉罕又對他說：「假若在那裏見有四十個怎麼樣呢？」他說：「為這四十個的緣故，我也不做這事。」亞伯拉罕說：「求主不要動怒，容我說，假若在那裏見有三十個怎麼樣呢？」他說：「我在那裏若見有三十個，我也不做這事。」亞伯拉罕說：「我還敢對主說話，假若在那裏見有二十個怎麼樣呢？」他說：「為這二十個的緣故，我也不毀滅那城。」亞伯拉罕說：「求主不要動怒，我再說這一次，假若在那裏見有十個呢？」他說：「為這十個的緣故，我也不毀滅那城。」耶和華與亞伯拉罕說完了話就走了；亞伯拉罕也回到自己的地方去了。（創十八 20～33，這是上帝和亞伯拉罕之間第七段

給記載下來的交談）

再次閱讀經文之前，思考以下事情。

語境：後來發生的事是，所多瑪和蛾摩拉無視古近東的習俗：在這個如沙漠般沒有客棧的地區幫助陌生人，並接待他們；而這揭示了他們有多墮落（參創十九1～16）。這習俗也成了舊約的律法（參利十九34；申十18～19）。事實上，所多瑪和蛾摩拉的人民不單無視這習俗，更令陌生人和旅客自動成為受害者，遭遇強暴、襲擊，甚或死亡。（為著他們會違反幫助陌生人和旅客的習俗，羅得自己很驚訝，以致他在這習俗被違反之前，提議交出他兩個還是處女的女兒給他們強暴。如果這畫面令你震驚，是應該的。）

與伙伴交談：祂是那位因罪惡而心中憂傷的上帝，而祂視亞伯拉罕為友，所以慎重考慮後，上帝向亞伯拉罕傾訴，說：「我所要做的事豈可瞞著亞伯拉罕呢？」（創十八17）上帝這話彷彿是指：「我希望〔亞伯拉罕〕不只是一個惟命是從的人。我想他成為真正的伙伴，充分地參與那些將會與他有關的計劃。」[2] 為此，上帝幫助亞伯拉罕正視在所多瑪和蛾摩拉的罪惡，而這是重要的，因為亞伯拉罕曾經在災難突襲這些城市時拯救了很多當地的人民，他定會憐愛這些城市(參創十四 1～16)。

在這記述裏所用的字句，是「一種〔以理判決的〕法庭的語言，而非〔瘋狂買賣的〕市集的語言。上帝**教導**亞伯拉罕如何權衡兩者：對抗罪的破壞性和存愛心盼望救贖。上帝**示範**一位憐憫人的審判官如何必定親身調查任何『嚴重罪惡』的指控，在證實人們有罪之前，都會視他們為清白，以及傾向有仁愛恩慈的心腸。亞伯拉罕不是要求上帝寬恕，只是他**發現**這位憐憫人的審判官將會盡可能拯救這個城市。只要有那十個可以得存留下來的人，從他們復建起來，便有機會了」。[3]

上帝知道亞伯拉罕不知道（但後來知曉）關於這些城市的事：實在沒有十個居民是不會企圖強暴陌生人的。不過，上帝沒有不讓亞伯拉罕知道就施行計劃，祂想祂的朋友兼伙伴也經歷作這決定的過程，並自己發現這些城市裏面的罪惡深重。

留意上帝的回答是短而簡的。上帝沒有爭辯或討價還價，只是同意。留意亞伯拉罕請求時的膽色（又可能帶點懼怕）。他極想理解上帝的行動（而他所理解的上帝是良善和憐憫人的），也不欲辜負上帝對他的信任。與上帝交談的生命，包括這些時刻：一起制定計劃，作出修改，以及從上帝的角度逐步了解事實。

這次大聲朗讀經文。給上帝和亞伯拉罕配上你認為合適的語氣。

> 耶和華說：「所多瑪和蛾摩拉的罪惡甚重，聲聞於我。我現在要下去，察看他們所行的，果然盡像那達到我耳中的聲音一樣嗎？若是不然，我也必知道。」
>
> 二人轉身離開那裏，向所多瑪去；但亞伯拉罕仍舊站在耶和華面前。亞伯拉罕近前來，說：「無論善惡，你都要剿滅嗎？假若那城裏有五十個義人，你還剿滅那地方嗎？不為城裏這五十個義人饒恕其中的人嗎？將義人與惡人

同殺，將義人與惡人一樣看待，這斷不是你所行的。審判全地的主豈不行公義嗎？」耶和華說：「我若在所多瑪城裏見有五十個義人，我就為他們的緣故饒恕那地方的眾人。」亞伯拉罕說：「我雖然是灰塵，還敢對主說話。假若這五十個義人短了五個，你就因為短了五個毀滅全城嗎？」他說：「我在那裏若見有四十五個，也不毀滅那城。」亞伯拉罕又對他說：「假若在那裏見有四十個怎麼樣呢？」他說：「為這四十個的緣故，我也不做這事。」亞伯拉罕說：「求主不要動怒，容我說，假若在那裏見有三十個怎麼樣呢？」他說：「我在那裏若見有三十個，我也不做這事。」亞伯拉罕說：「我還敢對主說話，假若在那裏見有二十個怎麼樣呢？」他說：「為這二十個的緣故，我也不毀滅那城。」亞伯拉罕說：「求主不要動怒，我再說這一次，假若在那裏見有十個呢？」他說：「為這十個的緣故，我也不毀滅那城。」耶和華與亞伯拉罕說完了話就走了；亞伯拉罕也回到自己的地方去了。
（創十八 20～33）

關於亞伯拉罕，甚麼最令你產生共鳴？嘗試自己回答，但如果你需要一個思考方向，可考慮以下想法：

- 亞伯拉罕的幫助是徒勞無功的（無功是基於人類的選擇，而非因上帝的慈愛缺少）。
- 亞伯拉罕好像小孩一般，為他所關心的事纏著上帝。
- 亞伯拉罕對於人們一些具破壞性的選擇抱持天真的想法。

根據亞伯拉罕所作的和所學懂的，關於如何懇求上帝，你學到甚麼？縱然你得不到所求的，這過程有多寶貴？

當你再次讀出這段經文時，留意故事中的甚麼時刻，或者甚麼感覺、詞語或短語引起你注意。在文字下面劃線。也許你會把自己當作是亞伯拉罕，或者和「上主」一起的兩個陌生人中的一個。你的內心發生甚麼事？準備經歷意想不到的事。

> 耶和華說：「所多瑪和蛾摩拉的罪惡甚重，聲聞於我。我現在要下去，察看他們所行的，果然盡像那達到我耳中的聲音一樣嗎？若是不然，我也必知道。」

二人轉身離開那裏，向所多瑪去；但亞伯拉罕仍舊站在耶和華面前。亞伯拉罕近前來，說：「無論善惡，你都要剿滅嗎？假若那城裏有五十個義人，你還剿滅那地方嗎？不為城裏這五十個義人饒恕其中的人嗎？將義人與惡人同殺，將義人與惡人一樣看待，這斷不是你所行的。審判全地的主豈不行公義嗎？」耶和華說：「我若在所多瑪城裏見有五十個義人，我就為他們的緣故饒恕那地方的眾人。」亞伯拉罕說：「我雖然是灰塵，還敢對主說話。假若這五十個義人短了五個，你就因為短了五個毀滅全城嗎？」他說：「我在那裏若見有四十五個，也不毀滅那城。」亞伯拉罕又對他說：「假若在那裏見有四十個怎麼樣呢？」他說：「為這四十個的緣故，我也不做這事。」亞伯拉罕說：「求主不要動怒，容我說，假若在那裏見有三十個怎麼樣呢？」他說：「我在那裏若見有三十個，我也不做這事。」亞伯拉罕說：「我還敢對主說話，假若在那裏見有二十個怎麼樣呢？」他說：「為這二十個的緣故，我也不毀滅那城。」亞伯拉罕說：「求主不要動怒，我再說這一次，假若在那裏見有十個呢？」他說：「為這十個的緣故，我也不毀滅那城。」耶和華與亞伯拉罕說完了話就走了；亞伯拉罕也回到自己的地方去了。（創十八 20～33）

寫下引起你注意的詞語或短語，或者若你是亞伯拉罕，你可能有的感覺。透過投入經文裏面，你有甚麼體會？（你可能想在這裏記下一些筆記。花幾分鐘寫下來。）

你有甚麼想法或印象？你聯想到甚麼？你有甚麼疑問，或可能是不贊同的地方？有甚麼事是你意想不到的？

透過這段經文中引起你注意的地方，上帝可能正跟你說甚麼呢？

回應上帝的信息

若你想，再次對自己讀出這段經文。思想它如何帶領你跟上帝對話。

在空白的位置寫下你的禱告回應，或者向耶穌大聲說出來。把你的禱告寫下來或者大聲說出來，就猶如一次交談，這樣是較好的。開放自己，與上帝對話，讓聖靈溫柔地引領你。你可能想以「親愛的上帝」或「親愛的主耶穌」作開首，再繼續禱告。你可能也想：

◆ 也許用亞伯拉罕俯伏在地的姿勢（參創十七3、

17），為一些你覺得重要的事懇求上帝。

- 為一些需要上帝幫助的人或羣體懇求上帝，儘管你私下並不認識他們。
- 為一個處境或懇求的過程詢問上帝。
- 告訴上帝，有關懇求的過程，你學到甚麼。
- 為上帝從不對亞伯拉罕（或你）說「住口，然後滾開」，讚美上帝。上帝堅定不變的愛確實永遠長存。

與上帝安歇在信息中

若你想，最後一次對自己讀出這段經文。

你已經讀了這段經文好幾次，你如何經歷到上帝？上帝是怎樣的？反思你眼中的上帝是怎樣的。上帝是嚴苛，抑或熱情？有愛心，抑或不耐煩？跟上帝談談。

給自己時間，沉浸於你思考所得的東西——關於上帝或你自己的疑問、新概念和解釋。接著，做下列其中一項事情：

- 坐下來，好好享受在這段經文裏於你和上帝之間所發生的事。
- 安歇於這個概念裏：你是上帝的住處，而且上帝想在你裏面建立一個家（參結三十七 27；弗二 22，三 17；約十四 23）。
- 唱歌或繪畫，以幫助你沉浸於你的經歷。
- 散散步，以幫助你沉浸於你的經歷。

以這篇禱文（節錄自〈聖博德的護胸甲〉）結束這次交談：

基督與我同在，基督在我裏面，
基督在我背後，基督在我前頭，
基督在我身旁，基督來贏得我，

基督來安慰和復興我。

基督在我下方，基督在我上方，
基督在安靜裏，基督在危險中，
基督在所有愛我的人心裏，
基督在朋友和陌生人的口中。

接下來是享受上帝賜予你生命和氣息的時間。你可能想：

- 小睡片刻。
- 散步、遠足、游泳，或做令人放鬆的運動。
- 試試「坐在門廊」，觀賞鳥類和樹木，或泡按摩浴。
- 做一項創作活動（使用美術材料、做木工、針黹、珠飾），但不用嘗試完成。
- 閱讀不嚴肅而又助人默想的書籍（不是偵探小說，或一些會佔用你全副精神的書籍）。

交談 6

與上帝同哀哭

詩五十六 1～13

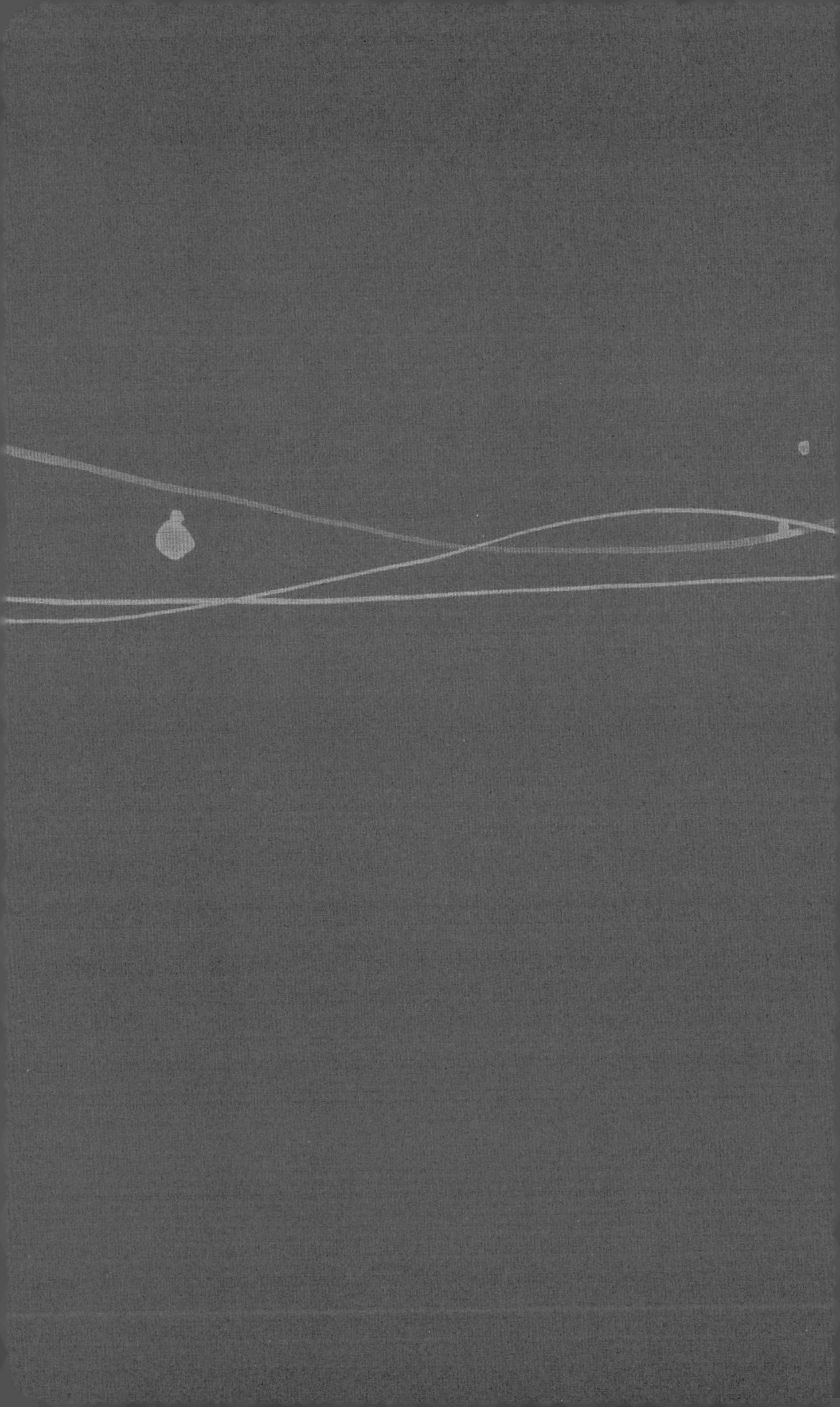

當人哀哭，他們的朋友會與他們一同哀哭。他們一起討論他們哀哭的原因，尋找解決方法。同樣地，上帝憐恤受苦的人，來到他們身邊，不論他們是遭遇一個具破壞力的人、羣體，或文化衝擊的傷害，或是在自然災害和恐怖環境下的受害者：

你從水中經過，**我必與你同在**；
你渡過江河，水必不漫過你；
你在火中行走，也不被燒傷，
火焰必不燒著你身。
（賽四十三2，強調為後加；《和合本修訂版》）

為著那些因作出具破壞性的選擇、拒絕上帝同行的邀請，以及傷害別人而招來困苦的人，上帝也為他們而憂傷：「耶和華就後悔造人在地上，心中憂傷。」（創六 6）上帝特別為選民如此偏行己路而憂傷：「他們在曠野悖逆他，在荒地叫他擔憂，何其多呢！」（詩七十八 40）在這傷痛中，上帝哀哭（**哭泣**可能是更加貼切的動詞，表達眼淚徐徐流下之意）：「但願我的頭為水，我的眼為淚的泉源」（耶九 1）；「願我眼淚汪汪，晝夜不息，因為我百姓（原文是民的處女）受了裂口破壞的大傷」（耶十四 17）。

再者，上帝不單為選民悖逆、作具破壞性選擇和墮落而憂傷，也為其他常常跟以色列為敵的人而憂傷：

- 「受欺壓西頓〔即現今的黎巴嫩〕的居民（原文是處女）哪」（賽二十三 12）；
- 「巴比倫〔即現今的伊拉克〕的處女啊」（賽四十七 1）；
- 「埃及的民（原文是處女）哪」（耶四十六 11）。

如果我們「與哀哭的人要同哭」（羅十二 15），在我們與上帝的交談裏，便會包括為那些受困的人哀哭，以及為那些因拒絕上帝和傷害別人而帶來困苦的人哀哭。與上帝同哀哭是重要的，因為這樣幫助我們看見上帝的心，並建立我們與上帝同行的關係。這也引導我們，為那些遭遇不幸的人得醫治祈禱，以及為那些要選擇帶來破壞的人思想會改變而祈禱。我們學習更加愛世人，就如上帝愛世人一樣。

向上帝的信息開放

除非上次的環境會令人分心，不然在同一個地方安頓下來。（如果上次那課的內容仍然影響著你，等一等。你想再做那課嗎？你可能需要讀得更深入或更廣泛。）

你覺得人們更要為哪些不幸的事哀哭？

如果你有帶報紙，看看當中一些會令人哀哭的世界狀況的報導。那可能是危機，例如饑荒，或是如洪水氾濫之類的天災。任何出現戰爭的地方都飽受破壞，不單因為士兵被殺，也因為家園盡失、平民被殺（特別是不夠警覺又逃走得不夠快的兒童）。又或那可以是一直都存在的狀況，例如非法性交易行業，每年有二百萬名婦女和兒童被誘惑、欺騙、綁架，然後被迫受奴役，身陷其中。又或可以是你認識的一個人，承受著殘障、熬人的疾病、長期無家可歸，或是被遺棄。

在這裏寫下你想到的三個詞語或短語，是你認為可用來形容一個人身陷以上任何一個景況時，可能會有的想法或感覺。

沉浸於上帝的信息裏

背景：詩篇五十六篇是一篇詩篇中的哀歌。詩篇中的哀歌有時是個人的（像這一篇），有時是團體的（參詩

七十四、七十九和一三七篇）。這些詩篇一般包含以下元素：呼叫上帝、抱怨（有時是帶有詛咒和輕率的）、祈求、表明確信自己的聲音被聽見、還願及頌讚。

很多時候，詩篇中的哀歌好像在告訴上帝要做些甚麼：「他們豈能因罪孽逃脱嗎？上帝啊，求你在怒中使眾民墮落！」（詩五十六7）詩人作這些激烈的祈求，並非因為他們認為要急躁起來才會引起上帝的注意——他們沒有懷疑上帝。只是他們知道不專注又冷漠的敬拜者（例如你和我）需要幫助，在我們的禱告裏投入我們的心靈和勇氣。

詩篇中的哀歌把我們從個人主義和冷漠之中拉出來，迫使我們代入另一個人的位置，與那個人同哭。這些「『黑暗的詩篇』可能被世人批評為**不信和失敗之舉**，但對於信靠上帝的羣體來說，運用這些詩篇是**勇敢**……經過轉化的信心……**的表現**」。[1]

閱讀聖經經文之前，為了安靜自己，集中思緒，慢慢讀出這段文字：

在默想中，我們是根據上帝的應許，讀所選的經文，相信這段經文無論對我們個人今天的生活，還是我們作為信徒整體，都有特別體己的意義。[2]

大聲朗讀這段經文。

上帝啊，求你憐憫我，因為人要把我吞了，
終日攻擊欺壓我。
我的仇敵終日要把我吞了，
因逞驕傲攻擊我的人甚多。
我懼怕的時候要倚靠你。
我倚靠上帝，我要讚美他的話；
我倚靠上帝，必不懼怕，
血氣之輩能把我怎麼樣呢？

他們終日顛倒我的話；
他們一切的心思都是要害我。

他們聚集，埋伏窺探我的腳蹤，
等候要害我的命。
他們豈能因罪孽逃脫嗎？
上帝啊，求你在怒中使眾民墮落！

我幾次流離，你都記數；
求你把我眼淚裝在你的皮袋裏。
這不都記在你冊子上嗎？
我呼求的日子，我的仇敵都要轉身退後。
上帝幫助我，這是我所知道的。
我倚靠上帝，我要讚美他的話；
我倚靠耶和華，我要讚美他的話。
我倚靠上帝，必不懼怕，
人能把我怎麼樣呢？

上帝啊，我向你所許的願在我身上；
我要將感謝祭獻給你。
因為你救我的命脫離死亡，

你豈不是救護我的腳不跌倒、
使我在生命光中行在上帝面前嗎？
（詩五十六 1～13）

再次閱讀經文之前，細想：

措詞：在《英王詹姆斯譯本》裏，詩篇五十六篇8節提到有人會稱之為「淚瓶」的東西：「你把我的眼淚裝在瓶子裏；它們不都記在你冊子上嗎？」（編按：按英文直譯）上帝覺得我們的眼淚十分寶貴，寶貴得要把它們收在瓶裏——這個概念安慰了很多受苦的人。對這些希伯來人來說，一個**瓶**就是一個大酒囊，要很多眼淚才會裝得滿。

詞語的意思：許願不是嘗試影響或賄賂上帝，而是一個甚為真誠和具信心的記號——願意約束自己去做某些事情。[3]

語境：詩篇五十六篇的標題寫道：「非利士人在迦特拿住大衛。那時，他作這金詩……」儘管大衛曾經是掃羅王和他一家的朋友，大衛也被掃羅王追殺，以致他為了安全而要逃到與以色列有深仇大恨的世仇非利士人那裏。即使在那裏，大衛知道自己不安全，「就在眾人面前改變了尋常的舉動，在他們手下假裝瘋癲，在城門的門扇上胡寫亂畫，使唾沫流在鬍子上」（撒上二十一13）。之後，他也逃出非利士人的地方。

這個語境解釋了這詩篇背後的絕望。大衛遠離家鄉，就如「遠方無聲鴿」（這標題的一部分，是某些詩篇首節前的一個描述短語）。他知道無路可走又無人可信，為了生存而假裝成另一個樣子是怎麼一回事。你知道有何人在這樣的困境中？

大聲朗讀經文：你認為有甚麼姿勢最適合大聲朗讀這段經文？站著、坐著、躺在地上？應該在求告時舉起雙手，還是好像嘗試要抱著自己般雙手交疊著？甚麼語氣和音量最為合適？是否有些詞語要從絕望中厲聲說出，而有些詞語則要有信心地輕聲讀出？大聲朗讀經文之前，重溫這些詞語，想想如果你從心底裏把它們說出來，可以是怎樣的？

現在再次緩慢地大聲朗讀經文，留意說話者的困境：無路可走又無人可信。

上帝啊，求你憐憫我，因為人要把我吞了，
終日攻擊欺壓我。
我的仇敵終日要把我吞了，
因逞驕傲攻擊我的人甚多。
我懼怕的時候要倚靠你。
我倚靠上帝，我要讚美他的話；
我倚靠上帝，必不懼怕，
血氣之輩能把我怎麼樣呢？

他們終日顛倒我的話；
他們一切的心思都是要害我。
他們聚集，埋伏窺探我的腳蹤，
等候要害我的命。
他們豈能因罪孽逃脫嗎？
上帝啊，求你在怒中使眾民墮落！

我幾次流離，你都記數；
求你把我眼淚裝在你的皮袋裏。

這不都記在你冊子上嗎？
我呼求的日子，我的仇敵都要轉身退後。
上帝幫助我，這是我所知道的。
我倚靠上帝，我要讚美他的話；
我倚靠耶和華，我要讚美他的話。
我倚靠上帝，必不懼怕，
人能把我怎麼樣呢？

上帝啊，我向你所許的願在我身上；
我要將感謝祭獻給你。
因為你救我的命脫離死亡，
你豈不是救護我的腳不跌倒、
使我在生命光中行在上帝面前嗎？
（詩五十六 1～13）

寫下最引起你注意的詞語或短語。（你可能想在這裏記下一些筆記。花幾分鐘寫下來。）

你有甚麼想法或印象？你聯想到甚麼？你有甚麼疑問，或可能是不贊同的地方？有甚麼事是你意想不到的？

透過這段經文中引起你注意的地方，上帝可能正跟你説甚麼呢？

回應上帝的信息

再次讀出經文，這次對自己讀。緩慢地讀，實際上是一邊讀著一邊用經文祈禱，代入某個絕望的人的處境——你從新聞裏看到的人，或一個你想起的人（或可以是你自己）。就如你在上帝面前一般，站在他們的位置為那個人或羣體代求，在其中加插你想到的短語或想法。要用多少時間就用多少。不用趕急。

上帝啊，求你憐憫我，因為人要把我吞了，
終日攻擊欺壓我。
我的仇敵終日要把我吞了，
因逞驕傲攻擊我的人甚多。
我懼怕的時候要倚靠你。
我倚靠上帝，我要讚美他的話；
我倚靠上帝，必不懼怕，
血氣之輩能把我怎麼樣呢？

他們終日顛倒我的話；
他們一切的心思都是要害我。
他們聚集，埋伏窺探我的腳蹤，

等候要害我的命。
他們豈能因罪孽逃脫嗎？
上帝啊，求你在怒中使眾民墮落！

我幾次流離，你都記數；
求你把我眼淚裝在你的皮袋裏。
這不都記在你冊子上嗎？
我呼求的日子，我的仇敵都要轉身退後。
上帝幫助我，這是我所知道的。
我倚靠上帝，我要讚美他的話；
我倚靠耶和華，我要讚美他的話。
我倚靠上帝，必不懼怕，
人能把我怎麼樣呢？

上帝啊，我向你所許的願在我身上；
我要將感謝祭獻給你。
因為你救我的命脫離死亡，
你豈不是救護我的腳不跌倒、

使我在生命光中行在上帝面前嗎？

（詩五十六 1～13）

現在從那個絕望的人或羣體的處境走出來，用經文裏的說話祈禱：

◆ 求他們不會懼怕。
◆ 求他們的追捕者（或疾病、困難的景況）會離開，或困難得到解決。
◆ 求他們會感覺到上帝細心的關注，記下他們的悲傷。
◆ 求他們會讚美上帝和履行他們向上帝許下的承諾。
◆ 求他們會「在生命光中行在上帝面前」。

現在為你自己，以及你為著別人而與上帝同哀哭的能力祈禱。你也可能想祈禱：

- 求上帝向你顯示，如何做哀哭的人的支持者。
- 求上帝幫助你與那些哀哭的人同哭，就是做耶穌的跟隨者會做的事。

千萬不要感到有壓力要寫很多。一個句子或許真的已經足夠，或你也可能需要多寫一點。開放自己，與上帝對話，讓聖靈溫柔地引領你。

與上帝安歇在信息中

若你想，再一次對自己讀出這經文，或者重溫那些引起你注意的詞語或短語。

你已經讀了這段經文好幾次，你如何經歷到上帝？上帝是怎樣的？反思你眼中的上帝是怎樣的。你有沒有一種感覺，覺得你只不過在自言自語，抑或上帝臨在？上帝似乎遙遠，抑或體貼？跟上帝談談。

給自己時間，沉浸於你思考所得的東西——關於上帝或你自己的疑問、新概念和解釋。讓這些東西一直沉澱到你真實的生活裏。坐下片刻，細想所知道的事。你可能想：

- 坐下來，單單與上帝同「在」。
- 安歇在這些經文裏，尤其是：

我懼怕的時候要倚靠你。
我倚靠上帝，我要讚美他的話；
我倚靠上帝，必不懼怕，
血氣之輩能把我怎麼樣呢？

- 安歇於這個概念裏：你是上帝的住處，上帝想在你裏面建立一個家（參結三十七 27；弗二 22，三 17；約十四 23）。

以這篇禱文（節錄自〈聖博德的護胸甲〉）結束這次交談：

基督與我同在，基督在我裏面，
基督在我背後，基督在我前頭，
基督在我身旁，基督來贏得我，

基督來安慰和復興我。

基督在我下方，基督在我上方，
基督在安靜裏，基督在危險中，
基督在所有愛我的人心裏，
基督在朋友和陌生人的口中。

接下來是享受上帝賜予你生命和氣息的時間。你可能想：

- 小睡片刻。
- 散步、遠足、游泳，或做令人放鬆的運動。
- 試試「坐在門廊」，觀賞鳥類和樹木，或泡按摩浴。
- 做一項創作活動（使用美術材料、做木工、針黹、珠飾），但不用嘗試完成。
- 閱讀不嚴肅而又助人默想的書籍（不是偵探小說，或一些會佔用你全副精神的書籍）。

交談 7

與上帝去探險

尼一 2～11

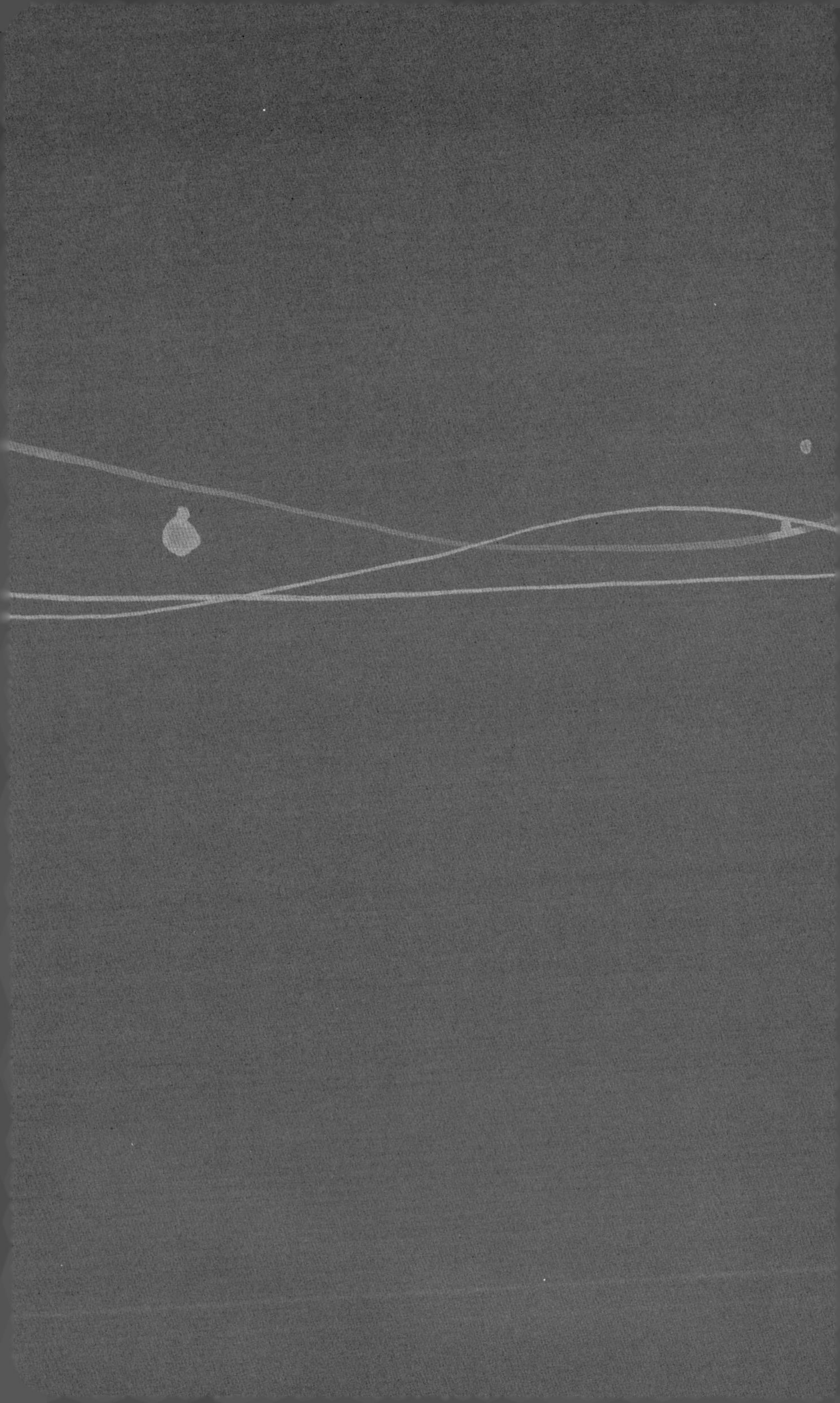

上教會的人一般分為「馬利亞」和「馬大」兩類人。所謂「馬大」（不論男女）是**行動者**；不要期望他們會喜歡祈禱，或者花時間與上帝一起。小部分人自命是「馬利亞」——花時間待在耶穌腳邊的人——不過，比較少幹勁的人都被認定為「馬利亞」。

想一想，追求在每天生活裏與上帝同行的人身上，少出現以上極端的情況。沒那麼外向和有幹勁的「馬利亞」，隨著上帝同行的推動而走出安舒區，變得更有冒險精神。做慣「馬大」的人開始**常常**在他們行動之前停一停——先跟上帝傾談和領受智慧——直到與上帝同在成為他們生活的一部分。事實上，如果我們決定在整個生命裏都與上帝緊扣，便會隨上帝的推動而前行，隨上帝的提示而停頓，以及學習去迎接領我們到新地方的探險之旅。

與上帝同行使我們能夠一步一步地走，只需要知道下一步就可以。思想以下的人物如何在與上帝同在和同工的節奏裏過活：

- 保羅歸信之後在阿拉伯待了三年時間，但也去了四次宣教之旅，其中有他獨自順道而行的行程（徒二十 13，二十八 16）。
- 曾經與上帝多次交談的亞伯拉罕，帶著他的大家庭和牲畜前往未知的地方（和幾個已知的地方），而當時的人根本不會這樣做。
- 挪亞被揀選去建造方舟，由建造方舟至方舟下水，一直到在陸地上重新安頓下來，他一步一步地被帶領著。
- 尼希米，一個在波斯皇室擁有很好政治地位的流亡猶太人，放下這一切去帶領一羣人到耶路撒冷西邊的荒野。在那裏，他在五十二天內重建城牆。他最終留在那裏，成為省長。在這短短的書卷裏，記載著他頻密的禱告。

行動由禱告而起，然後又帶我們回到禱告當中。的確，一切行動都跟禱告融合，給我們與上帝結為伙伴的豐盛生命。

向上帝的信息開放

在你往常駐足的地方安頓下來。如果你因為察覺到這是你的最後一課，所以你分心了，就安歇於這個想法裏：你將會前行（有時候花很多精力且速度很快），踏上上帝帶領你的探險之旅（即使旅程看來平平無奇，例如回家或工作）。

如果上次那課的內容仍然影響著你，等一等。你想再做那課嗎？你可能需要讀得更深入或更廣泛。

思考這兩個短語和它們所代表的人的類型：

- 太忙而不禱告；
- 太忙而**不得不**禱告。

1. 這兩類人各自對他們的任務有甚麼感覺和要求（每類人寫下幾項）?

太忙而不禱告的人

太忙而**不得不**禱告的人

2. 這兩類人各自對上帝有甚麼感覺和要求（每類人寫下幾項）?

太忙而不禱告的人

太忙而**不得不**禱告的人

3. 這兩類人之間還有哪些其他不同之處？

4. 上帝在甚麼情況下邀請你去意識到：你在這些情況之中，並之前和之後，都能夠與上帝連結？

沉浸於上帝的信息裏

情境：留意本書頁 140 有關尼希米的描述。記得這事發生在猶大已經歷被擄巴比倫之後。當波斯奪取了巴比倫，猶大國民（現稱為猶太人）生活在波斯的文化裏，但他們一直以來的夢想是重返家鄉。這次歸回始於以斯拉，可是人民生活的環境惡劣，主要因為耶路撒冷的城牆殘破不堪，以致他們面對攻擊時沒有安全的地方容身。為了使歸回的猶太人興旺起來，他們需要耶路撒冷成為安全之地。

語境：除了記載在這課經文裏的長篇禱告，在這短短的書卷裏，到處也可見尼希米獻上禱告和領人禱告。以下是一些例子：

- 當尼希米請求波斯國王幫助時，他「默禱天上的上帝」（尼二 4～5）。
- 在他的預備工作中，充滿著對上帝的意識：「我夜間起來，有幾個人也一同起來；但上帝使我心

裏要為耶路撒冷做甚麼事，我並沒有告訴人。」（尼二 12）

- 當撒馬利亞軍兵在耶路撒冷威脅尼希米，他禱告說：「我們的上帝啊，求你垂聽，因為我們被藐視。求你使他們的毀謗歸於他們的頭上……」（尼四 4～5）
- 尼希米禱告，並且行動。撒馬利亞人「同謀要來攻擊耶路撒冷，使城內擾亂。然而，我們禱告我們的上帝，又因他們的緣故，就派人看守，晝夜防備」（尼四 8～9）。
- 他透過禱告，鼓勵官長和民眾不要畏懼：「不要怕他們！當記念主是大而可畏的。你們要為弟兄、兒女、妻子、家產爭戰。」（尼四 14）
- 當猶太人開始互相欺騙，發生內訌時，尼希米平息一切事端。以往的省長徵收過高的稅款，但尼希米並沒有這樣做，甚至拒絕為自己置土地。然後他禱告說：「我的上帝啊，求你記念我為這百姓所行的一切事，施恩與我。」（尼五 19）

- 當撒馬利亞人再次脅迫猶太人，威脅尼希米的性命時，尼希米繼續作工，並禱告說：「求你堅固我的手。」（尼六9）
- 每次遇到敵人威脅，尼希米都禱告，抵擋他們的作為：「我的上帝啊，多比雅、參巴拉、女先知挪亞底，和其餘的先知要叫我懼怕，求你記念他們所行的這些事。」（尼六14）
- 當違背律法的人嘗試擾亂猶太人的崇拜，尼希米制止他們，禱告說：「我的上帝啊，求你因這事記念我，不要塗抹我為上帝的殿與其中的禮節所行的善。」（尼十三14）

尼希米是個探險家─推動者─倡導者，**也是**個恆常禱告的人。

詞語的意思：那禱詞「求你記念我」並非自私的。每天與上帝同行、與上帝一起去探險的人，能夠有智慧地運用這禱詞祈禱。上帝「記念」（希伯來文是 *zakhar*）某個人，是一件美好的事。在洪水氾濫期間，「上帝記念挪亞」(創八 1)。那不是指上帝曾經忘記了挪亞;它是指上帝對於挪亞已有計劃,而且將會向他顯出良善,保護他,救他脫離困境,以及允准他的請求。[1] 尼希米經常禱告,求上帝「記念」他(尼五 19,六 14,十三 14、22、29、31);每個會禱告的探險家—推動者—倡導者,也應該這樣做。

閱讀聖經經文之前,為了安靜自己,集中思緒,慢慢讀出這段文字:

> 在默想中,我們是根據上帝的應許,讀所選的經文,相信這段經文無論對我們個人今天的生活,還是我們作為信徒整體,都有特別體己的意義。[2]

緩慢地大聲朗讀以下經文:

> 那時,有我一個弟兄哈拿尼,同著幾個人從猶大來。我問他們那些被擄歸回、剩下逃

脱的猶大人和耶路撒冷的光景。他們對我說：「那些被擄歸回剩下的人在猶大省遭大難，受凌辱；並且耶路撒冷的城牆拆毀，城門被火焚燒。」

我聽見這話，就坐下哭泣，悲哀幾日，在天上的上帝面前禁食祈禱，說：「耶和華——天上的上帝，大而可畏的上帝啊，你向愛你、守你誡命的人**守約施慈愛**。願你睜眼看，側耳聽，你僕人晝夜在你面前為你眾僕人以色列民的祈禱，承認我們以色列人向你所犯的罪；我與我父家都有罪了。我們向你所行的甚是邪惡，沒有遵守你藉僕人摩西所吩咐的誡命、律例、典章。求你記念所吩咐你僕人摩西的話，說：『你們若犯罪，我就把你們分散在萬民中；但你們若歸向我，謹守遵行我的誡命，你們被趕散的人雖在天涯，我也必從那裏將他們招聚回來，帶到我所選擇立為我名的居所。』這都是你的僕人、你的百姓，就是你用大力和大能的手所救贖的。主啊，求你側耳聽你僕人的祈禱，和喜愛敬畏你名眾僕人的祈禱，使你僕人現今亨通，在王面前蒙恩。」

我是作王**酒政**的。（尼一2～11，強調為後加）

再次閱讀經文之前，細想以下事情。

設想經文的景象：設想尼希米作為**酒政**，他不單為王檢驗食物，確保王不會中毒，也是王親密和信任的同行者和顧問。試想想：單是為了保存性命，他得學習如何看穿許多人，辨清他們的個性。他過著艱難的政客生活。一個猶太人在外邦地方晉升到這個地位（一如但以理和末底改），這是很奇妙的。尼希米可能住在宮殿裏，所以物質上他一無所缺。

如果當你閱讀經文時覺得自己理解到尼希米的感受，設想到他在皇宮裏哀哭，就能夠從他心靈的眼睛看見他家鄉的景象；他的家鄉現在已被野獸和敵人所侵佔。想像上帝的子民在惶恐中生活的情景。這是上帝所想要的嗎？這是尼希米所想要的嗎？

注意詞語：留意尼希米發出的是哪種禱告，以及他如何連日哭泣、禁食和祈禱。尼希米的禱告包含對上帝的讚美，特別是對上帝的信實（「守約施慈愛」裏的「**慈愛**」是與本書〈交談 4〉中所描述的 *hesed* 有關的），他為自己和別人認罪，為自己祈求，以及為別人代求。

再次緩慢地大聲朗讀這段經文。思考哪個詞語或短語令你產生共鳴，或停留在你心裏，或似乎向你閃耀。或者關於尼希米，有沒有一個時刻或一種感受引起你注意？開放自己，讓上帝對你說話。準備經歷意想不到的事。

> 那時，有我一個弟兄哈拿尼，同著幾個人從猶大來。我問他們那些被擄歸回、剩下逃脫的猶大人和耶路撒冷的光景。他們對我說：「那些被擄歸回剩下的人在猶大省遭大難，受凌辱；並且耶路撒冷的城牆拆毀，城門被火焚燒。」
>
> 我聽見這話，就坐下哭泣，悲哀幾日，在

天上的上帝面前禁食祈禱，說：「耶和華——天上的上帝，大而可畏的上帝啊，你向愛你、守你誡命的人**守約施慈愛**。願你睜眼看，側耳聽，你僕人晝夜在你面前為你眾僕人以色列民的祈禱，承認我們以色列人向你所犯的罪；我與我父家都有罪了。我們向你所行的甚是邪惡，沒有遵守你藉僕人摩西所吩咐的誡命、律例、典章。求你記念所吩咐你僕人摩西的話，說：『你們若犯罪，我就把你們分散在萬民中；但你們若歸向我，謹守遵行我的誡命，你們被趕散的人雖在天涯，我也必從那裏將他們招聚回來，帶到我所選擇立為我名的居所。』這都是你的僕人、你的百姓，就是你用大力和大能的手所救贖的。主啊，求你側耳聽你僕人的祈禱，和喜愛敬畏你名眾僕人的祈禱，使你僕人現今亨通，在王面前蒙恩。」

我是作王酒政的。（尼一2～11，強調為後加）

寫下最引起你注意的詞語或短語，或者若你是尼希米，你可能有的感覺。花幾分鐘寫下來。

你有甚麼想法或印象？你聯想到甚麼？你有甚麼疑問，或可能是不贊同的地方？有甚麼事是你意想不到的？

透過這段經文中引起你注意的地方，上帝可能正跟你說甚麼呢？哪些你需要知道的事情，這段經文幫助你明白？

回應上帝的信息

這次，用尼希米的禱文祈禱。緩慢地讀出來，足以讓你能夠同時以它作為祈禱。若你想，可以用切合你處境的詞語取代括號裏的詞語。

耶和華——天上的上帝，大而可畏的上帝啊，你向愛你、守你誡命的人**守約施慈愛**。願你睜眼看，側耳聽，你僕人晝夜在你面前為你眾僕人以色列民的祈禱，承認我們〈以色列人〉向你所犯的罪；〈我與我父家〉都有罪了。我們向你所行的甚是邪惡，沒有遵守你藉僕人摩西所吩咐的誡命、律例、典章。求你記念所吩咐你僕人摩西的話，說：「你們若犯罪，我就把你們分散在萬民中；但你們若歸向我，謹守遵行我的誡命，你們被趕散的人雖在天涯，我也必從那裏將他們招聚回來，帶到我所選擇立為我名的居所。」這都是你的僕人、你的百姓，就是你用大力和大能的手所救贖的。主啊，求你側耳聽你僕人的祈禱，和喜愛敬畏你名眾僕人的祈禱，使你僕人現今亨通，在王面前蒙恩。（尼一5～11）

沉浸於這段經文後，你有甚麼想祈禱？開放自己，與上帝對話，讓聖靈溫柔地引領你。

你的禱告可能包括：

- 讚美上帝，特別為著上帝的愛和信實（*hesed*）；
- 承認你自己的罪；
- 承認你身為一分子的羣體（家庭、國家、教會、基督教羣體）的罪；
- 為你自己祈求；
- 為別人代求。

在信息中與上帝同慶

若你想，再次對自己讀出這段經文。

你已經讀了這段經文好幾次，你如何經歷到上帝？上帝是怎樣的？反思你眼中的上帝是怎樣的。你有沒有一種感覺，覺得你只不過在自言自語，抑或上帝臨在？上帝似乎遙遠，抑或體貼？有愛心，抑或不耐煩？嚴苛，抑或熱情？跟上帝談談。

給自己時間，沉浸於上帝的探險家尼希米的説話和想法之中，以及你如何被呼召去探險。思考關於上帝或你自己的疑問、新概念和解釋。讓上帝給你的智慧一直沉澱到你真實的生活裏。你可能想：

- 坐下來，單單與上帝同「在」。
- 以這個概念為樂：每一天都可以是與上帝一起的探險之旅（愛別人，在別人生命裏成為醫治的力量，或者修復破碎）。
- 為你跟上帝交談時所發生的事而感謝或讚頌。
- 以某些方式敬拜上帝（甚或跳舞、唱一首喜愛的歌，或者繪畫）。
- 坐下來，為上帝可能想你與祂一起踏上的神聖探險之旅（對別人來說，可能只是不幸的遭遇）而驚歎。
- 安歇於這個概念裏：你是上帝的住處，上帝想在你裏面建立一個家（參結三十七 27；弗二 22，三 17；約十四 23）。

以這篇禱文（節錄自〈聖博德的護胸甲〉）結束這次交談之前，思想它如何描寫某些「太忙而**不得不**禱告」的人：

基督與我同在，基督在我裏面，
基督在我背後，基督在我前頭，
基督在我身旁，基督來贏得我，
基督來安慰和復興我。

基督在我下方，基督在我上方，
基督在安靜裏，基督在危險中，
基督在所有愛我的人心裏，
基督在朋友和陌生人的口中。

離開退修的地方前，稍停一下。為這段稍長的時間，感謝上帝。你就近居所時，開始想像可能在那裏的人，他們需要從你得到甚麼，而你的任務會是甚麼。為這些人感謝上帝，求上帝幫助你迎接他們。

當你回家時，也細想有甚麼事物對你的個人退修起了良好的作用（地點、環境、時間），以致你下次退修時，會更自然地在上帝裏面休息。別忘記繼續反思這退修的經歷。對你最有好處的一些領悟，可能尚未出現呢。

註釋

前言：為甚麼退修？為上帝騰出空間

1. David Takle, *The Truth About Lies and the Lies About Truth*（Pasadena, CA: Shepherd's House, 2008）, 174.
2. Takle, *The Truth About Lies and the Lies About Truth*, 174.
3. Lynne Baab, "A Day Off from God Stuff," *Leadership Journal*, Spring 2007, http://www.christianitytoday.com/le/2007/002/18.34.html.

交談 1：上帝作我心靈的同伴

1. Dietrich Bonhoeffer, *Life Together*（New York: Harper & Row, 1954）, 82.（中譯本：潘霍華著：《團契生活》，鄧肇明譯〔香港：基督教文藝出版社，1999〕，頁 85。）
2. Gerhard Kittel, ed., *Theological Dictionary of the New Testament,* Vol. 1（Grand Rapids, MI: Eerdmans, 1976）, 711.「認識」一詞，「並非指僅僅了解或者理智上接受事實；相反，它是指生命的完全投入，融合在上帝已顯明的旨意和與耶穌親密的團契之中」（B. F. Westcott, *The Gospel According to St. John*〔Grand Rapids, MI: Eerdmans, 1954〕, 239）。

交談 2：與上帝持續交談的人生

1. David Takle, *The Truth About Lies and the Lies About Truth*（Pasadena, CA: Shepherd's House, 2008）, 144.
2. Gregory of Nyssa, *The Life of Moses*, trans. Abraham J. Malherbe and Everett Ferguson（New York: Paulist, 1978）, 137.
3. Dietrich Bonhoeffer, *Life Together*（New York: Harper & Row, 1954）, 82.（中譯本：潘霍華著：《團契生活》，鄧肇明譯〔香港：基督教文藝出版社，1999〕，頁 85。）

交談 3：信心的對話

1. Dietrich Bonhoeffer, *Life Together*（New York: Harper & Row, 1954）, 82.（中譯本：潘霍華著：《團契生活》，鄧肇明譯〔香港：基督教文藝出版社，1999〕，頁 85。）
2. Walter Brueggemann, *The Message of the Psalms: A Theological Commentary*（Minneapolis: Augsburg, 1984）, 157.

交談 4：感謝上帝，與上帝同慶

1. Dietrich Bonhoeffer, *Life Together*（New York: Harper & Row, 1954）, 82.（中譯本：潘霍華著：《團契生活》，鄧肇明譯〔香港：基督教文藝出版社，1999〕，頁 85。）

交談 5：懇求上帝

1. Dietrich Bonhoeffer, *Life Together*（New York: Harper & Row,

1954), 82.(中譯本:潘霍華著:《團契生活》,鄧肇明譯〔香港:基督教文藝出版社,1999〕,頁 85。)

2. John White, *Daring to Draw Near* (Downers Grove, IL: InterVarsity Press, 1977), 17.
3. Robert C. Morris, "God's Wrestling Match with Wrath," *Weavings*, Vol. XV, September/October 2000: 19.

交談 6:與上帝同哀哭

1. Walter Brueggemann, *The Message of the Psalms: A Theological Commentary* (Minneapolis: Augsburg, 1984), 52.
2. Dietrich Bonhoeffer, *Life Together* (New York: Harper & Row, 1954), 82.(中譯本:潘霍華著:《團契生活》,鄧肇明譯〔香港:基督教文藝出版社,1999〕,頁 85。)
3. H. C. Leupold, *Exposition of the Psalms* (Grand Rapids, MI: Baker, 1972), 429.

交談 7:與上帝去探險

1. H. C. Leupold, *Exposition of Genesis,* Vol. 1 (Grand Rapids, MI: Baker, 1977), 308.
2. Dietrich Bonhoeffer, *Life Together* (New York: Harper & Row, 1954), 82.(中譯本:潘霍華著:《團契生活》,鄧肇明譯〔香港:基督教文藝出版社,1999〕,頁 85。)

作者簡介

簡．約翰遜（Jan Johnson）的著作約有十九本，其中包括《凡事信靠：詩篇二十三篇》（*Trusting God for Everything: Psalm 23*）、*Savoring God's Word* 和 *When the Soul Listens*，也發表了超過一千篇雜誌文章和研經文章。她是位講者、教師和屬靈導師，與丈夫居於美國加州西米谷（Simi Valley, California）。她取得教牧學博士學位，主修依納爵靈修學與屬靈導引，主要的寫作題目是靈命塑造。個人網頁為 www.janjohnson.org。

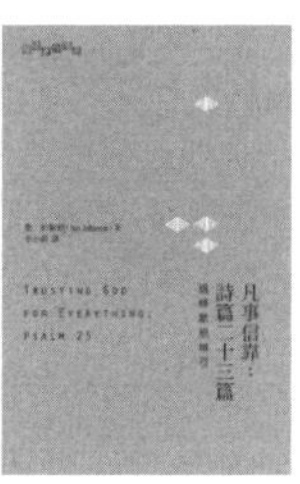